HISTORIA DEL ANARQUISMO

ORGANIZACIÓN, ACCIÓN Y AGITACIÓN

JULIÁN VADILLO

www.historia-anarquismo.guiaburros.es

Primera edición: abril de 2022

ISBN: 978-84-19129-24-6

Depósito Legal: M-5984-2022

IMPRESO EN ESPAÑA/ PRINTED IN SPAIN

Si después de leer este libro, lo ha considerado como útil e interesante, le agradeceríamos que hiciera sobre él una **reseña honesta en cualquier plataforma de opinión** y nos enviara un e-mail a **opiniones@guiaburros.es** para poder, desde la editorial, enviarle **como regalo otro libro de nuestra colección.**

Sobre el autor

 **Julián Vadillo Muñoz** es profesor e historiador. Doctor en Historia por la Universidad Complutense de Madrid (UCM), ha desarrollado su labor docente en distintos centros de enseñanzas medias y universitarias así como en distintos grupos de investigación. Actualmente es profesor de secundaria en un instituto público y profesor de la Universidad Carlos III de Madrid.

Especializado en Historia Contemporánea de España y Europa ha centrado su labor de investigación en la historia del movimiento obrero, del socialismo y del anarquismo. Fruto de estas investigaciones ha publicado varios libros entre los que destacaría: *Mauro Bajatierra. Anarquista y periodista de acción* (LaMalatesta editorial, Madrid, 2011); *Abriendo brecha. La lucha de las mujeres por su emancipación. El ejemplo de Soledad Gustavo* (Volapük ediciones, Guadalajara, 2013); *El movimiento obrero en Alcalá de Henares* (Silente académica, Guadalajara, 2013); *Por el pan, la tierra y la libertad. El anarquismo en la Revolución rusa* (Volapük ediciones, Guadalajara, 2017); *Socialismo en el siglo XIX. Del pensamiento a la organización* (Queimada ediciones, Madrid, 2017); *Historia de la CNT. Utopía,*

Agradecimientos

*A Julio Aróstegui (in memoriam),
maestro de historiadores.*

*A Juan Pablo Calero y Alfredo González,
de los que tanto he aprendido.*

Índice

"La concepción anarquista de la sociedad presupone que las mutuas relaciones de sus miembros están reguladas no por las autoridades, sean electivas o impuestas, sino por acuerdo entre los miembros de esta sociedad y por el conjunto de costumbres y hábitos sociales no petrificados por el derecho, la rutina o la superstición, sino en una fase de permanente evolución y reajuste, de conformidad con las siempre variadas exigencias de una vida libre, estimulada por el progreso de la ciencia, los descubrimientos y el continuo impulso de más altos ideales".

Piotr Kropotkin
Ciencia moderna y anarquismo

Introducción

El anarquismo fue una de las ideologías que dio una respuesta a la sociedad capitalista en el momento más álgido de su desarrollo en el siglo xix. Las ideas libertarias representaron un modelo social, organizativo, económico y político que rompía el modelo competitivo y rivalizaba con otras corrientes del movimiento obrero.

Heredero de unas tradiciones de lucha antiautoritaria y horizontal, el movimiento anarquista va a ser una de las referencias básicas hasta bien entrado el siglo xx. En algunos lugares como Francia, Italia, Argentina o Rusia fue un movimiento de referencia. Y en el caso de España, la corriente mayoritaria entre los obreros organizados en muchas franjas territoriales. No hay que olvidar que muchas de las conquistas actuales proceden de las reivindicaciones del movimiento obrero, incluido el anarquismo. Siempre considerado un elemento distorsionador o un problema de orden público, el obrerismo y el anarquismo fueron fundamentales para la modernización social y son elementos imprescindibles para entender las sociedades en la actualidad.

El objetivo de esta obra es presentar la historia del movimiento anarquista en su conjunto. Se inicia con una primera parte donde se analiza el anarquismo a nivel internacional. Empezando por los orígenes de las ideas libertarias, se sentarán las bases ideológicas sobre las que se movería el anarquismo en el siglo xix. Posteriormente, se mostrará la evolución vital e ideológica de cuatro de los principales ideólogos del anarquismo, para finalizar con la implicación histórica que va a tener el movimiento desde el nacimiento de la Primera Internacional hasta las consecuencias de la Segunda Guerra Mundial. Dado que España fue uno de los países que encarnó y dinamizó uno de los movimientos anarquistas más importantes, la segunda parte de este libro está dedicada al anarquismo español. Se analizará sus implicaciones organizativas desde la llegada de las ideas anarquistas al país hasta los momentos de la Transición y la implantación de la democracia.

No es fácil sintetizar una historia tan amplia en tan pocas palabras. Esto hace que algunas cuestiones que podemos considerar importantes hayan quedado fuera o no se analicen con la suficiente profundidad. Pero para salvar esta cuestión, al final de este libro hay una bibliografía básica que puede ayudar al lector profano a acercarse con mayor profundidad a la historia del anarquismo. El objetivo de esta obra es que el lector curioso o los estudiantes, sobre todo de niveles de secundaria o universidad, puedan tener un acercamiento y compresión a la historia del anarquismo internacional y español.

Agradezco a Eduardo Montagut que pensase en mí para hacer una obra de estas características, al Instituto de Política y Gobernanza de la Universidad Carlos III de Madrid que haya querido patrocinar esta pequeña obra y la editorial Editatum que me encargase este trabajo.

Primera parte

El movimiento anarquista internacional

Los orígenes de las ideas libertarias. Desde la antigüedad a la Revolución francesa

Aunque la lucha por la igualdad y la libertad fue la bandera que tomaron los revolucionarios a partir de los siglos XVIII y XIX, ese sentimiento era muy anterior y hunde sus raíces en la antigüedad clásica. De sobra son conocidas las teorías de Platón y de su *República,* donde un comunismo de bienes sería la base económica del poder de los filósofos. Sin embargo, no es el platonismo el mejor ejemplo en ese modelo de igualdad, sino que otras escuelas como los cínicos pusieron en duda todas las convenciones sociales de la época. El personaje de Diógenes de Sínope, conocido como "el Perro", se convierte en una figura capital para entender la subversión individual contra el poder así como la futilidad de muchas cosas materiales.

Los estoicos también fueron una escuela que dieron mucho a los aspectos de la igualdad o la vida en armonía con la naturaleza. Un personaje como Epicteto, que vivió casi toda su vida como esclavo, consideraba que incluso en esa circunstancia era libre, pues nadie ponía freno a su pensamiento. Otros, como Zenón de Citia, consideraban que una vida acorde con la naturaleza era la mejor manera para llegar a esa igualdad.

En el momento en el que el cristianismo se convirtió en la religión oficial del Imperio Romano y, posteriormente, en la mayoritaria entre distintas culturas, siempre hubo quien puso en duda el poder religioso y reivindicaba unos supuestos orígenes igualitarios dentro de ese cristianismo. Un personaje como Carpócrates de Alejandría, partidario del gnosticismo, negaba la naturaleza divina de Cristo y lo ponía al mismo nivel que el resto de los hombres.

Aquellas miradas de rebeldía ante la imposición de las sociedades que se consolidaban se heredaron en la Edad Media, donde las críticas, aunque fragmentadas, también existieron. Numerosas sectas religiosas del momento practicaron un modo de vida en común donde personajes como Peter Chelcicky, seguidor de Juan Huss, defendía la idea de una comunidad religiosa sin ninguna Iglesia que la dominase, abogando por el libre albedrío y la comunidad de bienes. Sus ideas fueron determinantes para el movimiento de Los Hermanos Moravos, que fueron duramente perseguidos por las autoridades de la época y que sirvieron como base para el desarrollo del movimiento anabaptista ya en el siglo XVI.

Pero fue todo el concepto de revolución que se comenzó a generar a partir del siglo XVI y que varió el modo de pensamiento, lo que concretó unas críticas profundas al modo de vida del momento, así como la idea de sociedades igualitarias, libres y comunistas. El utopismo, inaugurado por Tomás Moro sería base para estos principios. En su obra Utopía, Moro sitúa su sociedad ideal en una isla visitada y conocida por un navegante que comprueba que el gobierno es de base popular, el trabajo comunitario y la economía comunista. Frente a una sociedad cerrada como la del final de la Edad Media e inicios de la Moderna, en la isla Utopía, tienen su propio lenguaje, la capital de la isla se llama Amaurota (sin muros) y el río que la atraviesa se llama Anhidro (sin agua). Partiendo de estos principios, también hubo intentos de aplicaciones prácticas, a través de comunidades como las de los anabaptistas o la Abadía de Thelème, de la que formaba parte del autor de *Gargantúa y Pantagruel,* François Rabelais. Otro texto de enorme importancia para la época fue el *Discurso de la servidumbre voluntaria* de Étienne de la Boétie.

Utopía se podría traducir como el "sin lugar", pero lo importante era el modelo alternativo que se estaba planteando, lejos de los antiguos espejos de príncipes, pero también enfrentado al modelo político moderno inaugurado por Maquiavelo. A partir de ese momento se convirtió en todo un género literario, que tuvo representantes tanto en la Edad Moderna como en la Contemporánea. Cabría destacar aquí a utopía del siglo XVII de Tomasso Campanella *La ciudad del sol,* del mismo siglo *Nueva Atlantis* de Francis Bacon, del siglo XVIII la *Historia de los sevarambos* de Vairesse d'Allais, o ya en la época contemporánea las obras *Historia del valle feliz* de Nathaniel Hawthorne, *Viaje a Icaria* de Étienne Cabet, *El año 2 000* de Edward Bellamy o la única utopía anarquista que se conoce, *El humanisferio* de Joseph Dejacque. Todas ellas coinciden en presentar una sociedad donde el modelo económico comunitario o comunista, la ausencia de un poder coercitivo y el poder popular, eran la base del sistema.

El periodo que se inaugura con la Ilustración y la Revolución francesa fue rico en pensadores, ideas y proyectos que fueron la base de las futuras ideas anarquistas. Las figuras de ilustrados como Jean Meslier, Morelly y Gabriel B. Mably, coincidían en presentar sociedades bajo parámetros comunistas y donde el gobierno de las personas era sustituido por la administración de las cosas.

Durante la revolución francesa, movimientos políticos como los encabezados por Jacques Roux y los *enragés* hablaban de forma directa de una lucha social contra los explotadores y especuladores, así como los *exagerés* de Jean-René Herbert que hablaban directamente de organización política de democracia directa, donde el Estado era inexistente.

Del mismo modo, aunque el movimiento de Babeuf y su *Conspiración de los Iguales* sirvió más de base al marxismo que al anarquismo, algunas de las cuestiones aportadas por este revolucionario francés, líder del Club Panteón, junto a otros integrantes como Sylvain Maréchal o Filippo Bounarroti, como la educación, fueron base para anarquistas posteriores como Piotr Kropotkin.

En todos estos movimientos, se puede rastrear una importante prehistoria del anarquismo.

Algunas bases del anarquismo
en el siglo XIX

Aunque hemos visto cómo hubo ideas que marcaron ese devenir de las corrientes antiautoritarias y libertarias, el anarquismo hay que ubicarlo como un movimiento de respuesta a la sociedad industrial. El desarrollo del capitalismo y la agudización de las desigualdades sociales plantearon la necesidad de articular un movimiento que ofreciese una alternativa. El anarquismo se manifestó en ese momento de dos maneras: o bien a través de personajes que con sus doctrinas dieron una forma a las ideas o bien a través de movimientos que fueron reflejo para la gestación del movimiento anarquista a nivel internacional.

Aunque en el siguiente capítulo vamos a abordar esas principales figuras, aquí vamos a dar unos anticipos de personajes que o bien contribuyen a ese movimiento anarquista o bien pueden ser clasificados ya como anarquistas.

Uno de esos pensadores fue el británico William Godwin. Nacido en 1756, Godwin bebió de todas las corrientes reformadoras del siglo XVIII al calor de la Ilustración. Además fue un personaje rodeado de un incuestionable grupo de intelectuales avanzados, empezando por su compañera sentimental Mary Wollstoncraft que con su *Vindicación de los derechos de la mujer* pasó a la historia por ser una de las primeras feministas. En ese mismo círculo se movió Lord Byron, el poeta Percy Shelley y la hija de Godwin, Mary Shelley, autora de *Frankestein o el moderno Prometeo.*

Las aportaciones de Godwin las rastreamos en su obra *Investigaciones sobre la justicia política y su influencia en la moral y la dicha* y en su novela *Las aventuras de Caleb William*.

Godwin, observador de la sociedad del momento concluía que el gobierno, la ley y el Estado eran negativos porque tienen como principios fundacionales la opresión, el terror y la violencia. Para acabar con esa inutilidad gubernamental, Godwin proponía una reducción del poder a la mínima expresión donde cada individuo fuese libre. A partir de esa libertad, el individuo se tendría que ir organizando en pequeñas comunidades, asociadas a su vez entre ellas y coordinadas por la razón y la justicia. Un comunismo de bienes sería la base de esas sociedades pues para Godwin la propiedad privada genera injusticia social.

Su posición social siempre fue optimista y creía en la bondad del individuo. Partía, al igual Wollstoncraft, de la igualdad del hombre y la mujer. Y aunque no abordó muchas cuestiones que luego serían capitales para los pensadores anarquistas, este personaje fue fundamental para las doctrinas libertarias.

Curiosa figura fue también la de Johann Kaspar Schmidt, conocido como Max Stirner. Nacido en 1806, Stirner formó parte de la izquierda hegeliana en Alemania y aportó cuestiones doctrinales a un anarquismo de cuño individualista. En su obra *El único y su propiedad*, rechazaba la idea de Dios, de moralidad o de colectividad, donde colocaba al individuo en el centro de la sociedad y la destrucción del Estado como condición indispensable para eliminar las injusticias por medio de la insurrección. Aunque fuertemente individualista, creía que la asociación (al estilo de un contrato social) marcaba el ritmo de una sociedad que se fundamentaría en libre albedrío. No fue un personaje que incidiese mucho en el movimiento anarquista organizado, pero sí hubo núcleos de anarquistas individualistas que siguieron sus doctrinas o simpatizaron con ellas, como fue el caso de Emile Armand en Francia o la tradición individualista norteamericana de Benjamin Tucker, Lysander Spooner o Josiah Warren, que tuvieron una evolución lejos, en algún caso, del anarquismo.

Siguiendo esa estela individualista pero con una visión más mordaz y profunda del capitalismo, está la figura de Henry Thoreau que a través de obras como *La desobediencia civil* de 1849 o *Walden* de 1854 hablaba de una defensa del hombre en su estado de naturaleza y la necesidad de rebelión ante las injusticias. Esa desobediencia civil marcaría la historia del siglo xx en movimientos como los de Gandhi o Martin Luther King.

Sin embargo, van a ser aportaciones doctrinales de franceses como experiencias de británicos, las que marcarían el devenir del anarquismo.

Sin ser específicamente anarquista, Charles Fourier va a influir mucho en algunos aspectos tenidos en cuenta por los libertarios. Este socialista nacido, al igual que Proudhon, en la ciudad de Besançon en 1772 se movió entre dos épocas. Pero a diferencia de Godwin, Fourier leyó cual era el modelo de explotación capitalista y ofreció una alternativa al mismo, generando incluso un incipiente movimiento. A través de varias de sus obras, Fourier desarrolló la idea del falansterio, una organización de sociedad armoniosa y cooperativo, donde el poder del Estado era sustituido por la administración de las cosas. El falansterio tendría un número específico de habitantes, que en ningún caso podría ser superior a 1620. Constaba de un gran edificio ubicado en un territorio de unas 2000 hectáreas. En la parte central del edificio se situaría el comedor y la biblioteca y en los extremos las zonas de trabajo y las habitaciones. Alrededor de ese edificio se situarían las tierras de labor. Igualmente, existían centros educativos para la formación de los niños y niñas.

El trabajo asalariado desaparecería en el falansterio, dado que ese modelo es producto de una sociedad competitiva y no proporciona al productor el verdadero aporte a la sociedad. Frente a los intereses individuales del liberalismo Fourier contrapone un modelo colectivo y de asociación.

El comercio del modelo capitalista no era válido y para fomentar esa producción cooperativa en la sociedad falansteriana existiría una bolsa comunal o banco que proporcionaría a cada integrante lo necesario para vivir. Si esto último anticipó en algunos años el modelo que tendrá Proudhon, su modelo de trabajo cooperativo basado en el apoyo mutuo anticipó en bastantes décadas las aportaciones de Kropotkin al campo del socialismo.

Fue de los primeros socialistas que hablaron de la igualdad total de hombres y mujeres, pues ambos eran integrantes en las mismas condiciones de ese falansterio. Aquí también entroncará con las corrientes libertarias posteriores, especialmente preocupadas por la situación de la mujer en la sociedad capitalista.

Su visión internacionalista anticipa en algunos puntos a Bakunin y Malatesta, en el sentido de que para Fourier una red internacional de falansterios se tenía que desarrollar por todo el mundo. Transformaciones que tendrían que ser no violentas y producirse por la ejemplaridad. En este sentido, Fourier muestra una superioridad moral y económica de su modelo frente a la competitividad capitalista.

Sin embargo, Fourier esperaba que un mecenas hiciese caso a sus teorías e invirtiese dinero en el desarrollo de un falansterio, cuestión que se antojaba muy complicada. Aunque creía en la expansión de sus ideas el ejemplo moralizante no se plasmó como la mejor alternativa en un mundo que se movía por intereses opuestos. Aun así, Fourier logró generar un movimiento internacional de apoyo y numerosos fourieristas aparecieron no solo en Francia sino en España o EE. UU. Incluso en esos lugares se llegaron a experiencias fracasadas de falansterios.

Y aunque el anarquismo siempre fue realista, en el sentido que pretendía llevar a la práctica sus ideas, también hubo pensadores que plasmaron esas tendencias en utopías futuras como fue el caso de Joseph Dejacques y su *Humanisferio*.

Dejacques, nacido en 1821, era un poeta y pintor de brocha gorda que escribió un libro titulado *El Humanisferio* en la que diseñaba una sociedad en completa igualdad. Este autor francés no situó esta utopía en una isla sino en un futuro muy lejano, en el año 2858. La sociedad del Humanisferio tenía ausencia de gobierno y autoridad, propiedad común de todos los bienes y supresión de la familia como institución. Según la obra, existirían distintos Humanisferios Comunales, que a su vez se unirían en Humanisferios continentales para estructurarse todos en un Humanisferio universal. Dentro de los Humanisferios la igualdad entre hombre y mujer era total, el trabajo es la fuente de la riqueza y la autogestión un concepto básico a nivel económico y social. Dejacques, deudor en parte de Fourier y de Proudhon, anticipa muchas de las cuestiones que luego serían básicas en Bakunin. Sin embargo, su prematura muerte en 1864 mantuvo esta obra en un plano secundario y poco conocido.

Sin embargo, no todo fue un plano teórico ya que hubo cuestiones de tipo práctico y movimientos que fueron base para entender el desarrollo organizativo del anarquismo, sobre todo dentro del campo del obrerismo.

En este punto nos centramos en Inglaterra, cuna de la Revolución Industrial y del modelo de sociedades de clase que ejemplificó desde muy temprano la posición subalterna de la clase obrera. Si algo distinguió a la Revolución Industrial fue precisamente el maquinismo y la tecnificación, cuestión que para una importante parte de trabajadores fue un elemento negativo.

Aunque desde muy temprano Inglaterra legisló en favor de las máquinas, en el tiempo que media entre 1811 y 1813 surgió un movimiento de masas que tenía como finalidad atacar a las máquinas para denunciar las situaciones de injusticia social y pedir mejoras de carácter económico y político. Denunciaba que el modelo liberal capitalista se apropiaba de su producción mientras tenían una ausencia absoluta de derechos.

En abril de 1811 las ciudades de Lancashire, Nottingham, York y Derby fueron atacadas por masas de trabajadores que con hachas, mazas y fuego destruyeron un importante número de máquinas. Sin líderes y sin organismo aparente, solo resaltó un nombre en la ciudad de Nottingham, un tal Nedd Ludd o Nedd Ludham que dio nombre aquel movimiento: ludismo. Sin embargo, Nedd Ludd no existía, lo mismo que posteriormente tampoco existieron el Capitán Swing o Rebeca.

La extensión del movimiento fue evidente y eso hizo reaccionar a las autoridades conservadoras británicas, que endurecieron las leyes de destrucción de máquinas, hasta pedir pena de muerte contra aquellos que lo hicieran. La represión contra el movimiento no se hizo esperar y personajes como James Towle o George Mellor, fueron detenidos, juzgados y ahorcados como participantes en los movimientos luditas.

Aunque la represión hizo descender la movilización, en 1816 volvió a surgir un movimiento de carácter ludita, lo que hizo que con más garantías los trabajadores se fuesen organizando. Aunque en un principio las movilizaciones en Inglaterra, al calor de los movimientos revolucionarios de 1820 en Europa, pedían una democratización y el acceso de los trabajadores a los derechos políticos, lo cierto fue que aquello se tornó en fracaso. Esa disposición gubernamental hizo que los trabajadores desconfiasen de la política parlamentaria y centrasen su interés en la creación y desarrollo de un sindicalismo combativo que defendían la huelga general y el cooperativismo (con la importancia aquí de Robert Owen) como ejes de su lucha. El objetivo de ese sindicalismo era la eliminación del capitalismo y la creación de una sociedad con plenos derechos para los trabajadores. Este modelo sindical era base para lo que posteriormente fue el desarrollo societario de la Internacional obrera o la estructuración a finales del siglo XIX del sindicalismo revolucionario.

El objetivo fue frenar aquel movimiento que gozó de importancia en la década de 1820 y parte de 1830. Habría que esperar al nacimiento de un movimiento como el cartismo entre 1837-1838 para la construcción de un movimiento obrero más permeable a la negociación con el gobierno y a la reivindicación de derechos políticos básicos.

Sin embargo, la impronta quedó de forma indeleble en la memoria de los trabajadores.

Las principales figuras del anarquismo: Pierre Joseph, Proudhon, Mijaíl Bakunin, Piotr Kropotkin y Errico Malatesta

Aunque el anarquismo no ha sido nunca un movimiento de líderes o de vanguardias, eso no quiere decir que dentro de sus filas no existieran personalidades que tuvieron una amplia trascendencia y cuyas aportaciones doctrinales sirvieron para estructurar todo un movimiento. Personajes de este tipo hubo muchos en el movimiento libertario: Elisée Reclus, Jean Grave, Voltarine de Cleyre, Charles Malato, Vsevolod Mijailovich Eichembaum "Volin", Luigi Fabri y así un largo etcétera.

Aquí vamos a centrar la atención en cuatro de esos personajes: Pierre Joseph Proudhon, Mijaíl Bakunin, Piotr Kropotkin y Errico Malatesta.

Pierre Joseph Proudhon nació en el año 1809 en la ciudad francesa de Besançon y a él se debe que las bases sobre las que defendió el socialismo se asentasen en principios científicos y marcase el devenir del anarquismo como movimiento político de masas. Por la dimensión de su obra, Proudhon marcó un punto de inflexión entre el socialismo del primer tercio del siglo xix y el que se comenzó a fraguar al calor de la segunda revolución industrial. A través de obras como *¿Qué es la propiedad?*, *Sistemas de las contradicciones económicas o filosofía de la miseria* o *El principio federativo*, Proudhon realizó un diagnóstico general de la sociedad capitalista y ofreció una alternativa a la misma.

Proudhon desarrolló un modelo económico con el nombre de mutualismo, que era una defensa de un socialismo por la base. Para el anarquista francés, la sociedad está dividida entre empresarios, capitalistas y banqueros, que controlan los medios producción y viven de la explotación ajena, y los trabajadores que viven de la fuerza de su trabajo pero que no disfrutan de todo el producto que ellos realizan. La solución para Proudhon está en revertir esa situación y que sean los trabajadores directamente los que disfruten del producto de su trabajo. Y aunque el modelo tiene que tender a lo comunitario, para Proudhon en el marco de una economía socialista podría existir la producción individual que tienda a un comercio y pequeña industria con garantías sociales.

Si el modelo económico sería de carácter socialista mutualista, el modelo político sería federal. La desaparición del Estado sería sustituida por una República federativa basada en la colectividad, la relación mutua, la ausencia de poder vertical y sobre la base de un poder público antiautoritario.

De la misma forma que el marco capitalista tiene una serie de instituciones sobre las que se asienta, Proudhon estima que todas ellas tienen que ser sustituidas por instituciones y organismos basados en el modelo socialista. La concesión de crédito público para poder desarrollar iniciativas, el desarrollo de un banco del pueblo, una política de vivienda que garantice las condiciones mínimas de habitabilidad, la creación de una federación de productores y consumidores, etc. Era, básicamente, el desarrollo de una economía de mercado no especulativa y basada en el apoyo mutuo. Cuestiones que, por ejemplo, tuvieron aplicaciones prácticas durante la Comuna de París o las colectividades en el periodo de la Guerra de España.

Muchas de las bases económicas sobre las que se asentaron las teorías de Marx, de Bakunin o de Kropotkin tienen su origen en las aportaciones de Proudhon. Sin embargo, no dejó de ser un personaje contradictorio y propio de su época. Participante y protagonista de la revolución de 1848, llegó a ser diputado en la asamblea francesa emergente de la Segunda República, donde mantuvo posiciones muy críticas tanto frente al gobierno surgido de las jornadas de febrero como al posterior Segundo Imperio francés. Su condición obrera, pues Proudhon era tipógrafo, le hizo ser más cercano a los problemas de su clase social.

Su trascendencia en el movimiento socialista fue fundamental pues fue considerado por el propio Marx como el primer socialista científico de la historia, a pesar de los enfrentamientos dialécticos entre ambos. Las sociedades obreras que conformaron en el movimiento obrero francés hasta la fundación de la Comuna de París fueron de base proudhoniana.

Aunque Proudhon no pudo incidir mucho en la Primera Internacional, dado que falleció al año siguiente de su fundación, en 1865 sus aportaciones al modelo federal fueron fundamentales para entender el movimiento anarquista internacional, que adoptó esa forma organizativa y propuso esa alternativa social. Sin embargo, el modelo anarquista de Proudhon se vio frenado con la aportación que la siguiente generación de personajes realizaron.

En este sentido, la figura de Mijail Alexandrovich Bakunin es fundamental para entender la internacionalización del anarquismo y su posición como movimiento de masas. Bakunin nació en 1814 en la localidad de Pryamujino, muy cercana a Moscú, en una familia acomodada, muy cercana a la corte del Zar. El padre de Bakunin estuvo vinculado al movimiento decembrista de 1825, aunque la fuerte represión hizo que se alejase de la política.

Aunque el joven Mijail estuvo en el ejército del Zar, la represión que ejercieron los Romanov tras el aplastamiento del levantamiento polaco de 1831, le hizo alejarse del ejército y comenzar sus estudios de filosofía. Esto le permitió viajar por Europa y conocer de primera mano las teorías filosóficas de Hegel, Fichte y Kant, lo que le influyó profundamente. De la misma forma, tomó contacto con exiliados rusos como Alexander Herzen o Nikolai Ogarev lo que hizo que poco a poco Bakunin fuese adquiriendo una conciencia social.

Aunque su objetivo era trabajar en la Universidad de Moscú, el conocimiento de todas estas ideas fuera de Rusia, donde el pensamiento era perseguido, maduró un Bakunin político que se enfrentó a los gobiernos del momento.

En Alemania, Bakunin entró en contacto con el revolucionario Wilhem Weitling y debido a las persecuciones del gobierno alemán recaló en Francia. En París, Bakunin conoció a los principales revolucionarios del momento: George Sand, Karl Marx y, sobre todo, Proudhon.

A diferencia de Marx, mucho más teórico y sintético, Bakunin fue un hombre de acción. En la revolución de 1848 actuó en varios frentes, participando de forma activa en la revuelta de Dresde junto a personajes muy influyentes en la época como el compositor Richard Wagner.

Detenido por sus actividades revolucionarias, visitó varias prisiones hasta que fue reclamado y extraditado a Rusia. Allí fue encerrado en la fortaleza de Pedro y Pablo en San Petersburgo, prisión donde coincidieron diferentes revolucionarios del momento. En sus estancias en las prisiones rusas, Bakunin contrajo algunas enfermedades que estuvieron a punto de acabar con su vida.

Aprovechando que era familiar del entonces gobernador de Siberia, Muraviev, fue deportado a Irkutsk, donde gozó de determinada libertad de movimientos que le permitió evadirse, alcanzar Japón, saltar a EE. UU. y volver a la Europa occidental, donde continúo sus actividades revolucionarias. Instalado en Londres en 1861, Bakunin volvió a colaborar con Herzen y Ogarev en el periódico *Kolokol* y tenía en mente, coincidiendo con los nacionalistas eslavos, la posibilidad de formar un ejército que invadiese Rusia y pusiese fin al zarismo.

La década de 1860 fue la más fructífera en lo que respecta a las aportaciones doctrinales y organizativas de Bakunin para el anarquismo. Partiendo de las enseñanzas de Proudhon, Bakunin se declaró federal y para él la destrucción del Estado sería sustituida por una sociedad de carácter federalista de abajo hacia arriba. Profundizando aún más en la crítica de la sociedad del momento, para Bakunin el Estado era un mecanismo coercitivo que debía desaparecer, así como todas aquellas estructuras tales como la Iglesia o la religión. Por ello Bakunin se declaraba antiautoritario y ateo.

Muy influenciado por los movimientos carbonarios del siglo XIX, Bakunin creía en la organización internacional, secreta, que desarrollase sus ideas. Aunque participó en 1867 en la fundación de la Liga por la Paz y la Libertad, también creó poco después la Alianza Internacional de la Democracia Socialista, como un grupo más de afinidad de ideas que se estructura societaria.

Como Bakunin era consciente que el movimiento obrero podía ser un eje catalizador de las ideas anarquistas, se afilió en 1868 a la Asociación Internacional de los Trabajadores, portando sus ideas a los debates internos y convirtiendo al anarquismo en un movimiento mayoritario en muchos lugares de Europa.

A diferencia de Proudhon, que se declaraba mutualista, el socialismo de Bakunin es colectivista. El producto creado por el trabajador tiene que repercutir al conjunto de la sociedad, aboliendo todo concepto de propiedad privada. Pero, a diferencia del modelo comunista, Bakunin y el colectivismo estimaba que la sociedad tenía que dar a los productores el mismo valor que estos aportaban.

La actividad revolucionaria de Bakunin y su modelo federalista chocó en el interior de la Internacional con el modelo marxista, lo que provocó enconados debates y enfrentamientos, que acabaron por romper la Internacional, como veremos en el siguiente epígrafe.

Bakunin nunca se olvidó de Rusia, y trabajó diversos textos para darlos a conocer a los revolucionarios rusos que desde el interior del país buscaban el derrocamiento del Zar. Incluso comenzó la traducción de *El Capital* de Marx al ruso. Sin embargo, sus ideas fueron desvirtuadas por personajes como Sergei Nechaev, lo que valió la amargura de un Bakunin que veía alejarse la revolución en su país.

Expulsado de la Internacional y de muchos países europeos, acabó su vida en Suiza, en la ciudad de Locarno, en la residencia "La Baronata", perteneciente al anarquista italiano Carlo Cafiero. Aunque Cafiero acabó arruinado y Bakunin se tuvo que trasladar a Lugano, siguió escribiendo, manteniendo contacto con distintos revolucionarios, hasta que falleció el 1 de julio de 1876, aportando un legado indeleble a la historia del anarquismo internacional. Así lo atestigua no solo sus aportaciones organizativas sino su obra, que con obras como *Socialismo, federalismo y antiteologismo, El Imperio Knoutogermánico, La Libertad* o *Dios y el Estado* ofrecieron un enorme peso doctrinal al anarquismo.

El tercero de los personajes clave para entender el anarquismo fue el también ruso Piotr Aleixevich Kropotkin. Si Proudhon significó esa forja y formación del anarquismo y Bakunin la conformación de una consistencia organizativa internacional, Kropotkin ahondó en las bases científicas de las ideas libertarias y en el desarrollo de las concepciones comunistas en las mismas. Si las ideas de Proudhon y Bakunin, sobre todo del primero, se vieron expresadas en procesos como la Comuna de París, las de Kropotkin fueron la base del anarquismo que se vio en la Revolución rusa y en la eclosión organizativa del siglo xx.

Piotr Kropotkin nació en Moscú en el año 1842, de familia aristocrática al estar emparentado con los príncipes de Smolensk. Muy cercano a la corte del Zar, pues estaba en su cuerpo de pajes, muy pronto se vio persuadido por las ideas liberales que habían tenido protagonismo en Rusia tanto en la revolución decembrista de 1825 como en los distintos movimientos nacionalistas de críticas al Zar.

Aunque en un principio parecía que se iba a perfilar en una brillante carrera militar, Kropotkin comenzó a estudiar los modos de vida de algunas poblaciones de Rusia, como los siberianos y los manchurianos y eso le motivó a estudiar en la Universidad de San Petersburgo las disciplinas de matemáticas y geografía. Esta segunda disciplina le reveló como uno de los geógrafos más importantes del siglo xix y xx, creando junto con Elisée Reclus una escuela de interpretación de geografía anarquista.

Sus estudios le valieron poder viajar al extranjero, comprobar el ambiente represivo de la Rusia zarista y vincularse a los movimientos revolucionarios que pretendían cambiar la sociedad. Comprobaba Kropotkin como cualquier intento de transformación de la realidad rusa era reprimido con dureza por las autoridades del país.

La ejecución del nihilista Karakasov fue el punto de inflexión para que Kropotkin se declarase socialista, y aprovechando un viaje a Suiza se afilió a la Primera Internacional. Aunque en un principio fue persuadido por las ideas marxistas, comenzó a frecuentar poco a poco los círculos cercanos a Bakunin. En ese contexto, unido a la división acaecida en el interior de la Internacional tras los congresos de La Haya y Saint Imier, Kropotkin se adscribió a las doctrinas anarquistas.

Regresó a Rusia, y alrededor del Círculo Chaikovsky, comenzó a extender sus ideas entre los trabajadores y los intelectuales opositores al zarismo. Detenido por sus actividades revolucionarias, Kropotkin fue encarcelado y enfermó en prisión. Logró huir de la represión zarista y volvió a Europa occidental, donde tras un pequeño periplo se estableció en Londres donde se convirtió en uno de los teóricos más importantes del anarquismo internacional.

Tras la muerte de Bakunin en 1876, su figura adquirió enorme relevancia y profundizó en los ideales libertarios, intentado dotar al anarquismo de una consistencia científica. Sus conocimientos geográficos fueron puestos al servicio de la causa anarquista, intentando trazar una alternativa efectiva y total a la sociedad capitalista. A diferencia del mutualismo de Proudhon o del colectivismo de Bakunin, Kropotkin consideró que el más justo de los sistemas económicos es el comunista, pues en él cada uno contribuye con las fuerzas que pueda y recibe de la sociedad lo que necesita ("de cada cual según sus posibilidades; a cada cual según sus necesidades"). Un comunismo que partiendo del componente individual construía un ente colectivo común.

Además, y al calor de las teorías darwinianas del momento, donde establecía que el factor de evolución humana partía de conflicto, para Kropotkin esa evolución solo se producía por la cooperación y el apoyo. Coincidiendo con Darwin en la evolución de los humanos, solo cuando el individuo ha colaborado entre sí ha posibilitado el avance social. Incluso en los momentos de conflictividad de la historia, el factor del apoyo mutuo entre los intereses de los desposeídos es la base del triunfo de cualquier revolución, poniendo en uno de sus libros el caso de la Revolución francesa (*La gran Revolución Francesa*). Así lo dejó escrito en obras como *El apoyo mutuo*. De igual modo, obras como *La conquista del pan* o *Campos, fábricas y talleres* partían de las mismas doctrinas y se convirtieron en textos básicos de todos los anarquistas del mundo.

A nivel organizativo, Kropotkin era más partidario de organizaciones de grupo que extendiese las ideas anarquistas. Sin desdeñar el campo del movimiento obrero, Kropotkin fue menos obrerista que Proudhon o Bakunin, que vieron en este movimiento un eje catalizador de las ideas libertarias. Eso hizo que en la época surgiese un sugerente debate entre colectivistas y comunistas dentro del campo anarquista.

Participante en diferentes congresos internacionales, con el objetivo de volver a reconstruir una organización internacional del anarquismo, Kropotkin fue acusado por distintas autoridades del momento de ser el ideólogo de las teorías más violentas del anarquismo. Sin embargo, esas fuentes tomadas de los archivos policiales, chocan de forma frontal con las visiones del pensador ruso, que consideraba que la vía terrorista era perjudicial para un movimiento que tenía que confiarlo todo a la organización.

Para Kropotkin, la base de cualquier movimiento anarquista y su alternativa era la educación. Y por ello, junto a otros anarquistas como Élisée Reclus, León Tolstoi, Jean Grave, Louise Michel o Charles Malato, integró un comité de enseñanza que fue base para el aprendizaje pedagógico y sobre el que se sustentaría proyectos tan importantes como el racionalismo antiautoritario de Ferrer Guardia y la Escuela Moderna.

Intelectual de primer orden, Kropotkin participó en numerosos proyectos culturales de su época, tuvo una prolífica aportación al campo de la ciencia, la historia y la literatura y no solo en medios puramente anarquistas. Y nunca dejó de lado su faceta organizativa y revolucionaria.

Pero al igual que todo personaje de la época, no dejó de ser polémico. Al estallar la Primera Guerra Mundial, Kropotkin, aun criticando la propia guerra, consideraba que dentro de lo menos malo estaba la victoria del bando aliado, por ser defensores de unos valores contrapuestos al autoritarismo y el militarismo de la Triple Alianza. Una posición minoritaria dentro del anarquismo internacional pero que generó un debate entre personajes de primera fila. En este sentido, Kropotkin se sentía deudor de la tradición socialista que tuvo su presencia en Francia desde la Revolución de 1789. Este pequeño grupo llegó a firmar el llamado Manifiesto de los 16 (que en realidad eran 15) donde junto a Kropotkin estaban personajes como Jean Grave, Charles Malato, Christian Cornelissen, Paul Reclus o Varlaam Cherkesov.

El estallido de la Revolución rusa en 1917 fue el punto nodal en la vida de Kropotkin. Entusiasmado por el cambio político y social que se produjo en su país, y que él llevaba buscando décadas, regresó a la Rusia revolucionaria, donde fue respetado como uno de los revolucionarios más importantes de la historia. Pero Kropotkin, lejos de ser un mero observador de lo que sucedía, criticó con dureza la política de los bolcheviques y su deriva dictatorial, sobre todo en lo que concernía a la represión del anarquismo. Aun así, Lenin admiraba a Kropotkin, y la casa del viejo anarquista ruso en Dimitrovo se convirtió en un lugar de peregrinaje de todos los anarquistas y socialistas del mundo. Por allí pasaron personajes como Néstor Majnó, Volin o los españoles Ángel Pestaña y Fernando de los Ríos.

La vida de Kropotkin se apagó el 8 de febrero de 1921, siendo su entierro una gran manifestación de despedida y la última manifestación multitudinaria del anarquismo. Su legado fue preservado en Rusia por el anarquista armenio Alexander Atabekian, convirtiendo su casa en un museo que fue tolerado por las autoridades soviéticas hasta la década de 1930.

El último de los personajes es el anarquista italiano Errico Malatesta, cuyas aportaciones doctrinales y organizativas son clave para entender al movimiento anarquista internacional de finales del siglo XIX y el primer tercio del siglo XX.

Errico Malatesta nació en el año 1853 en una población del sur italiano, Santa María Capua Vetere. Comenzó a estudiar medicina, pero su implicación política le fue apartando de los estudios hasta abandonarlos completamente. Si en un inicio Malatesta se adscribió a las corrientes del republicanismo, representando en aquel momento por Giuseppe Mazzini y Giuseppe Garibaldi, poco después conoció las ideas socialistas de Proudhon a través de la figura de Carlo Pisacane. Afiliado a la Primera Internacional desde 1869, el proceso de la Comuna de París le impactó profundamente y se convirtió en una de las referencias del anarquismo internacional junto a Bakunin y su paisano Carlo Cafiero. Malatesta fue uno de los integrantes de la delegación italiana que acudió al congreso de Saint Imier y desde ese momento se convirtió junto con Cafiero y Andrea Costa en uno de los representantes genuinos del anarquismo italiano.

Las aportaciones de Malatesta al campo anarquista son enormes. En primer lugar, a él se debe conceptos como la "propaganda por el hecho", donde lejos de la visión clásica y de lugar común que se ha querido ofrecer de una estrategia violenta y terrorista, no es sino el desarrollo de una importante propaganda en diversos ámbitos que ponga en prácticas ejemplos tangibles para demostrar que la única alternativa es la anarquía. Eso fue lo que hizo Malatesta en la zona del Matese, entre Campobasso y Benevento, donde su grupo tomó algunos pueblos, proclamaron la abolición de la propiedad privada, quemaron los registros de la propiedad y proclamaban la sociedad libertaria. Poco duró aquellas cuestiones, que tenían como finalidad no la proclamación del anarquismo de forma inmediata, a la que Malatesta era consciente que no podría llegar *ipso facto,* sino la visibilización de las desigualdades y de la necesidad de una sociedad distinta. De ahí que esa propaganda en acción fuese fundamental. Fue detenido por ello y procesado, contando con la defensa del abogado Saverio Merlino. También, poco después, y coincidiendo con la epidemia de cólera que azotó Europa en 1884-1885, Malatesta puso sus conocimientos médicos al servicio de la población en aquellas jornadas.

A partir de ese momento, Malatesta tuvo una proyección internacional de primer orden. Viajó por distintos lugares de Europa y América Latina, dejando su impronta en todos estos lugares. Visitó, entre otros lugares, Argentina, Cuba, EE. UU. y España, donde ofreció conferencias multitudinarias. Marcó una tendencia en el debate que se dio en la época entre anarcocolectivistas y anarcocomunistas, lo que hizo que la fuerza del movimiento libertario basculase más hacía los segundos. Conoció a Kropotkin, de quien tomó su concepto de comunismo, pero criticó la perspectiva científica que el anarquista ruso le quería dar al movimiento. Malatesta, en ese sentido, era más pragmático y miró sobre todo por la organización.

El internacionalismo fue una de las bases del pensamiento de Malatesta. De poco servía tener un importante movimiento anarquista nacional sino tenía una proyección internacional. Y por ello, para el anarquista italiano el movimiento libertario debía articular un organismo internacional que coordinase las actividades de las distintas secciones, recuperando el espíritu de la Primera Internacional. Los distintos congresos que se realizaron contaron con el apoyo de Malatesta, así como la posibilidad que se abrió con la fundación de la Segunda Internacional en París en 1889, que no contó con la participación de los anarquistas. En ese sentido, Malatesta tuvo una importante participación en el congreso de Ámsterdam de 1907 así como en otros posteriores que sentaron las bases del resurgimiento de una internacional que no vería la luz hasta 1922 como fue el renacimiento de la Asociación Internacional de los Trabajadores, aunque no con todos los criterios que Malatesta hubiese defendido.

Con el inicio del siglo xx, Malatesta se convirtió en uno de los principales organizadores del movimiento anarquista italiano. Tuvo un importante papel en la semana roja de Ancona en 1914, siendo esta ciudad uno de los epicentros del obrerismo italiano. Fue uno de los fundadores e impulsores de la Unión Anarquista Italiana y de su pluma salieron importantes artículos que marcaron una época en el periódico *Umanitá Nova*.

Malatesta, partidario de la organización, no era reacio a la unión temporal con otras escuelas u organizaciones, pero era consciente que una vez superados los enemigos comunes las discrepancias iban a surgir. Una línea que también tenía anarquistas italianos como Luigi Fabbri. El modelo de organización anarquista para Malatesta partía del grupo específico y de ahí a la federación, criticando a los individualistas.

Una de las cuestiones peor entendidas de Malatesta fue su relación con el sindicalismo. Acusado de ser antisindicalista, Malatesta defendía la necesidad de afiliación de los trabajadores a los sindicatos como organismos societarios de defensa de los intereses colectivos de clase. La manera de mejorar las condiciones materiales de los obreros pasaba por la afiliación a los sindicatos. Pero no confería al sindicato una proyección finalista y alternativa social, que correspondía al anarquismo. En ese sentido criticaba algunas posiciones del sindicalismo revolucionario, aunque tenía muy buenas relaciones con la Unión Sindical Italiana (USI) de Armando Borghi.

Opuesto a la Primera Guerra Mundial en el debate que se entabló con Kropotkin, Malatesta también fue un firme defensor de la Revolución rusa de 1917 y de su modelo transformador, pero criticó profundamente la deriva dictatorial del gobierno de los bolcheviques.

La llegada al poder de los fascistas relegó a Malatesta a un confinamiento por parte del nuevo régimen, que reprimió, ilegalizó y asesinó a centenares de anarquistas. Aunque Malatesta no salió de Italia y siguió manteniendo correspondencia con antiguos compañeros suyos establecidos en América Latina, su actividad política quedó reducida a la nada. Murió en 1932.

De la Primera Internacional a la Revolución rusa pasando por la Comuna de París. El anarquismo en acción

Aunque las aportaciones doctrinales fueron eje fundamental, los movimientos políticos y societarios al calor de las mismas fueron base para el desarrollo del anarquismo. La idea de los libertarios era hacer extensivo su ideario a nivel internacional. Por ello, los anarquistas se adhirieron de forma masiva a los distintos movimientos internacionales, lo que le convirtió en una de las referencias de los trabajadores de todo el mundo.

El origen de la Primera Internacional hay que rastrearlo en dos líneas. La primera las aportaciones ideológicas y organizativas de personajes como Proudhon, Henri Tolain o el inglés Robert Owen. Por otra parte, las numerosas huelgas que se sucedieron en Inglaterra y Francia entre 1859 y 1861, donde las ideas del cooperativismo y el mutualismo pasaron a tener un papel protagonista.

Aprovechando la Exposición Universal de Londres de 1862, un grupo de trabajadores británicos y franceses se reunieron con la idea de crear un organismo supranacional que articulase y coordinase sus reivindicaciones y luchas. Aunque en este momento no se llegó a un acuerdo definitivo, dos años después, en septiembre de 1864 y aprovechando el viaje a Londres de los proudhonianos Henri Tolain, Blaise Perrachon y Limousin Passementier, firmaron con los obreros británicos el nacimiento de la Asociación Internacional de los Trabajadores (AIT) en el Saint Martin Hall de la capital inglesa.

El objetivo de aquella internacional era establecer un nexo de unión en las luchas obreras de todos los países, coordinar sus actividades y solidaridad, hacer extensivas las ideas societarias a aquellos lugares donde no hubieran llegado y establecer una posición finalista del mundo obrero. Todos los trabajadores del mundo tendrían que darse la mano para acabar con el capitalismo y construir una sociedad socialista.

Sobre esa base francesa y británica, la Internacional comenzó un desarrollo en los años sucesivos, con la participación de Karl Marx que imprimió una concreción organizativa a la AIT.

A partir de ese momento, la AIT comenzó su paulatino crecimiento. En el Congreso de Ginebra de 1866, el peso mayoritario de la organización lo tenía los proudhonianos. La trascendencia de aquel movimiento hizo que personajes como Bakunin optasen por su afiliación a la

Internacional. Al principio intentando ingresar en esta con su Alianza para la Democracia Socialista y, posteriormente, y a instancias del Consejo General de la AIT, disolviendo la Alianza y estableciéndola como una sección más de la Internacional.

Aquel organismo era dinámico y diverso, pues en su interior siempre hubo sensibilidad y visiones de organización y finalidad. Sin embargo, en el congreso de Basilea de 1869 se comprobó que el mayor peso lo tenían secciones y sociedades que se decantaban por el colectivismo bakuninista frente al marxismo y al proudhonianismo, que estaba en franco retroceso. Esto provocó un enfrentamiento entre las dos visiones mayoritarias dentro de la AIT. Por una parte, la corriente marxista, partidaria del centralismo organizativo, de conceder poder ejecutivo al Consejo General y defensora de una posición vanguardista con la creación de partidos obreros que disputasen el poder en las distintas naciones, aunque la finalidad para Marx era también la desaparición del Estado previo paso por la dictadura del proletariado. Por su parte, Bakunin defendía un modelo organizativo federal, donde eran las secciones quienes tenían el peso organizativo, que el Consejo General fuera un órgano gestor de correspondencia y donde su concepción antiestatal hacía que combatiese la idea de creación de partidos políticos obreros que disputasen el poder. Para Bakunin, la finalidad del movimiento obrero tenía que ser la destrucción del poder político y la construcción del socialismo bajo parámetros antiautoritarios.

Aquellas posiciones tan dispares se tornaron en irreconciliables y se enconaron hasta tal punto de romper la Primera Internacional y dividir para siempre al movimiento obrero. El choque de acusaciones entre ambas tendencias acabó en el año 1872 en ruptura. Primero en el Congreso de La Haya, donde el sector marxista se hizo con la mayoría al no asistir al mismo todas las secciones y expulsar de la AIT a Mijail Bakunin o James Guillaume, entre otros. Lejos de querer dar la batalla en el interior de la Internacional, los bakuninistas se reunieron de inmediato en la ciudad suiza de Saint Imier, proclamándose los verdaderos defensores de la Internacional y adscribiendo a esta a todas las secciones de carácter anarquista. Desde ese momento los anarquistas celebraron congresos con el objetivo de volver a hacer surgir una Internacional de amplio alcance.

Antes de llegar a aquella ruptura, las ideas anarquistas de Proudhon y de Bakunin tuvieron un papel protagonista en el proceso revolucionario que se abrió en París en marzo de 1871. La Comuna de París marcó el inicio de la era de las revoluciones obreras y fue la primera vez en la que se comprobó que los trabajadores estaban dispuestos a tomar el poder y las riendas de su propio destino.

Al calor del fracaso del Segundo Imperio Francés de Napoleón III, que sometió al movimiento obrero a una fuerte represión, y la derrota francesa en la Guerra franco-prusiana de 1870, la ciudad de París quedó sitiada. Aunque se proclamó una Asamblea Nacional republicana, no todos los republicanos ni todos los protagonistas del proceso mostraron las mismas ideas. Los prusianos se plantaron en las puertas de París y el gobierno estimó que ya no era la capital de Francia. El pueblo de París se hizo con el control de la ciudad y de puntos estratégicos como Montmartre, donde los cañones que defendían la ciudad pasaron a estar bajo control de los revolucionarios.

La Guardia Nacional, convertida al servicio de la revolución exigía autogobierno para París, supresión de los consejos de guerra, amnistía para los presos políticos, libertad de prensa y convocatoria de elecciones municipales. Aquellas elecciones, celebradas el 26 de marzo, fueron un claro triunfo para las candidaturas republicanas y revolucionarias que se hicieron con el control de la situación y proclamaron la Comuna.

A partir de ese momento, París inició una transformación revolucionaria, donde los proudhonianos tuvieron un papel protagonista junto a los seguidores de Auguste Blanqui, los jacobinos y los internacionalistas marxistas y bakuninistas.

La bandera tricolor republicana fue sustituida por la bandera roja. Se estableció un modelo político federal, donde cada uno de los distritos parisinos (*arrondissements*), tenía un comité que lo controlaba y daba cuentas al poder de la Comuna. Además, al ser federales, el objetivo de los comuneros parisinos era que el resto de ciudades francesas también se proclamaran en comunas, extremo que fracasó.

La Comuna de París tuvo dos sectores diferenciados. Por una parte los blanquistas y jacobinos, partidarios de una república fuerte con su Comité de Salud Pública que se defendiese tanto de la agresión prusiana como de los enemigos de la revolución que se estaban reorganizando en Versalles. El otro sector estaba encabezado por los proudhonianos y los integrantes de la Internacional, partidarios del avance social y de los derechos obreros bajo conceptos antiautoritarios. Aunque los proudhonianos eran la minoría mayoritaria la suma de blanquistas y jacobinos era mayor.

Sin embargo, el proceso que se abrió en París a partir de marzo de 1871 no tuvo parangón en la historia hasta ese momento. Desde muy pronto la Comuna adoptó medidas que estaban inscritas dentro del ideario anarquista. Se abordó la cuestión de las subsistencias, asegurando a cada parisino lo mínimo e indispensable para vivir, instituyendo incluso comedores populares al estilo de las tradicionales "marmitas".

El funcionariado pasó a estar al servicio de la Comuna, siendo elegido por sufragio universal y equiparando su salario con el de cualquier trabajador. Igualmente, se abordó la cuestión del abuso de la propiedad, disolviendo los Montes de Piedad.

A nivel laboral, se aprobó la jornada de 8 horas de trabajo y la prohibición del trabajo nocturno en las panaderías. Se estableció también un salario mínimo para todos los obreros y siguiendo la tradición francesa, se fomentó una especie de bolsas de trabajo donde había que contratar a los obreros, anticipando así el modelo del sindicalismo revolucionario. Los propios obreros reclamaban el control directo de las empresas.

La Comuna de París aprobó los matrimonios civiles y las uniones de mutuo acuerdo, así como la reconversión de las prisiones en lugares de reinserción y no de castigo. Se proclamó la igualdad hombre-mujer, la separación Iglesia-Estado y la obligatoriedad de la educación.

La igualdad de la mujer hizo que esta entrase de lleno en la política de la Comuna como agente protagonista, siguiendo también la tradición de la Revolución francesa. La Unión de Mujeres por la Defensa de París, donde militaron personalidades de la talla de Louise Michel, Nathalie Lemel, André Leo o Elisabeth Dmitriev fue clave. Sin embargo, la historia fue injusta con las mujeres comuneras y la represión provocó que fueran conocidas como las "petroleras", donde la historiografía conservadora y los grupos reaccionarios las vincularon con todo tipo de atrocidades. No era nuevo en la historia francesa, pues durante la Revolución francesa la mujer también tuvo un papel protagonista y en muchos sitios fue considerada como las "tricotadoras", legando una imagen negativa que nunca tuvieron durante el proceso revolucionario.

Durante dos meses París vivió un momento de esplendor de libertad. Muchos periódicos, incluso críticos con la Comuna, circularon por la ciudad. Hubo una extensión organizativa en todos los órdenes y esos conceptos de libertad estaban muy próximos al anarquismo en muchas ocasiones. Sin embargo, las fuerzas versallesas encabezadas por Adolphe Thiers y Patrice de MacMahon reprimieron de una forma agresiva la experiencia. Entre el 21 y el 28 de mayo de 1871, la Semana Sangrienta regó las calles de París de sangre comunera y muchos líderes de aquel proceso fueron ejecutados. Entre ellos internacionalistas anarquistas como Eugène Varlin. También Louise Michel, que luego sería una de las principales impulsoras del anarquismo francés, fueron juzgadas, condenadas y deportadas a Nueva Caledonia. La represión inquisitorial contra la Comuna dejó huella en el movimiento obrero y anarquista francés.

La derrota de la Comuna de París y la división de la Internacional, sumió al anarquismo en un periodo de zozobra. A pesar de la celebración y desarrollo de diversos congresos anarquistas, como el de Ginebra de 1873, el de Bruselas de 1874, el de Berna de 1876 y el de Verviers de 1877, se iba notando la fatiga de la coordinación internacional de un movimiento que comenzó a dividirse en diversas formas de organización. De entre todos los congresos que se realizaron en aquella época cabría destacar el de Londres de 1881, que si bien la historiografía más clásica lo ha puesto como el punto de partida de una oleada violenta encabezada por los anarquistas, en realidad se debatieron cuestiones relacionadas con la organización internacional y una mejor preparación doctrinal de los componentes del anarquismo. Allí las figura de Kropotkin y Malatesta fueron fundamentales.

Pero el anarquismo era un movimiento profundamente arraigado, y en lugares como los EE. UU. se conformaron diferentes movimientos de carácter obrero que reivindicaban la idea de alternativa anarquista. En la ciudad de Chicago se constituyó un importante sindicato, compuesto tanto por trabajadores norteamericanos como por muchos llegados de la inmigración, que el 1 mayo de 1886 convocó una gran manifestación para pedir la jornada de 8 de horas y mejores condiciones de vida para la clase obrera, en medio de una huelga que paralizaba la producción de la ciudad. Al finalizar la manifestación explotó un artefacto que provocó varias víctimas, lo que fue utilizado por las autoridades para reprimir la movilización. Se acusó a los anarquistas de estar detrás del atentado, aunque en realidad fueron los grupos rompehuelgas encabezados por la agencia Pinkerton. Fueron condenados a muerte varios anarquistas (George Engel, Adolph Fischer, Albert Parsons, August Spies y Louis Lingg) y otros a distintas penas de prisión (Samuel Fielden, Oscar Neebe, Michael Schwab). Desde aquel día a la fecha del 18 de marzo, como aniversario de la Comuna, se unió el 1 de mayo, como día internacional de los derechos de los trabajadores.

Sin embargo, el periodo finisecular fue complicado para el movimiento anarquista. Por una parte, por los debates doctrinales que se dieron entre tendencias colectivistas, comunistas e individualistas. Aunque paulatinamente el modelo de organización societario y la finalidad comunista libertaria se iba perfilando, no dejó de ser un punto de inflexión pues aquellos debates mantuvieron al anarquismo en una posición de recomposición durante mucho tiempo. Eso fue aprovechado por individualidades o pequeños grupos que pretendían, a partir de una estrategia de enfrentamiento directo y de tácticas terroristas, promover un movimiento revolucionario que transformase la realidad. Aunque las manifestaciones de violencia individual fueron muy diversas, en la última década del siglo XIX algunos anarquistas a título individual o en apoyo de pequeños grupos perpetraron atentados que acabaron con la vida de algunos reyes y presidentes de la época. El presidente francés Sadi Carnot fue asesinado por el anarquista italiano Sante Caserio; la emperatriz Sissi fue asesinada por el también italiano Luigi Lucheni; Humberto I de Italia por Geatano Bresci o el presidente norteamericano William McKinley por el polaco León Czolgosz. Si bien fue un modelo que no contó con el apoyo de las organizaciones mayoritarias del anarquismo, sí que sirvieron como acicate para que los gobiernos europeos y americanos emitieran un conjunto de leyes antianarquistas y antiterroristas que permitía la persecución del movimiento en su conjunto, como fue el caso de las "leyes perversas" en Francia. A finales de 1898 se celebró en Roma una Conferencia Internacional para la Defensa Social contra los Anarquistas, donde se establecieron bases de cooperación policial para reprimir al movimiento anarquista.

Para reaccionar frente a ambas cuestiones, en Francia comenzó a desarrollarse desde inicios de la década de 1890 un modelo sindical que pretendía organizar a los trabajadores por la mejora de sus condiciones materiales, pero con unos postulados basados en la acción directa, la huelga general como vehículo y el label y el boicot como estrategias. Nacía de esta forma el sindicalismo revolucionario, destinado a todos los trabajadores, tuvieran las ideas que tuvieran, pero bajo un modelo organizativo horizontal y antiautoritario. Ese sindicalismo tenía que emprender una batalla en el campo económico, olvidando el campo político parlamentario en el que no confiaban. Fueron los anarquistas quienes impulsaron ese modelo sindical, a través de organismo como la Federación de Bolsas de Trabajo, de Fernand Pelloutier o la fundación en 1895 de la Confederación General del Trabajo (CGT) impulsada por Emile Pouget. La acción directa, como modelo de negociación y presión contrario a la acción delegada, sería la base organizativa de otros movimientos sindicales en el mundo. Ese modelo sindical quedó perfectamente configurado tras la elaboración de la Carta de Amiens de 1906, que sería base para muchos sindicatos en el mundo libertario.

En el siglo xx, el anarquismo se presentó como una alternativa, siendo en algunos países una posición mayoritaria entre los trabajadores. Francia, Italia, España, Argentina y Rusia eran sus mejores exponentes. Lo que venían reclamando los anarquistas desde hacía mucho tiempo era la organización de una Internacional que volviese a coordinar sus actividades. Un momento importante para este cometido fue la celebración del Congreso de Ámsterdam de 1907, donde se sentaron las bases necesarias para la creación de una entidad internacional de carácter anarquista. Pero los debates que se dieron allí de tipo organizativo pusieron encima de la mesa cuestiones de estrategia en el propio mundo libertario. El debate entre Errico

Malatesta y Pierre Monatte fue capital ante como entender la organización anarquista. Sin embargo, la creación de esa Internacional, que se había vuelto a poner encima de la mesa en el año 1913, quedó frenado con el estallido de la Primera Guerra Mundial en 1914 y de la Revolución rusa en 1917. Si la Primera Guerra Mundial significó para el movimiento obrero una ruptura entre los que apoyaron y los que no a las fuerzas contendientes, la Revolución rusa también generó un debate y un cisma en el movimiento obrero, tanto socialista como anarquista. Los debates sobre la Primera Guerra Mundial se han visto en la biografía de Kropotkin. Ahora hay que centrarse en el impacto que tuvo la Revolución rusa en el anarquismo.

Rusia siempre fue un territorio proclive a las ideas anarquistas siendo dos de sus principales ideólogos de dicha nacionalidad: Bakunin y Kropotkin. Las ideas de ambos fueron de sobra conocida por los revolucionarios rusos desde el siglo xix, si bien los grupos en el interior de Rusia se movieron entre las aportaciones doctrinales que venía de Europa occidental y la tradición del populismo ruso, muy influyente entre los trabajadores.

Cuando se inició el siglo xx, en Rusia existía un incipiente pero descoordinado movimiento anarquista, que tenía influencia, sobre todo, en la ciudad de Bialystok (hoy Polonia), Moscú, San Petersburgo o en la zona de Ucrania. Un anarquismo diverso que se movió entre el comunismo de Kropotkin y el sindicalismo importado de Francia, con núcleos minoritarios partidarios de una violencia más expeditiva.

La Revolución de 1905 fue un punto de inflexión, pues muchos de estos anarquistas organizados se vincularon a los nacientes sóviets: entidades de la clase obrera, nacidas para gestionar los medios de producción y consumo, sin interferencia de partidos políticos y aplicando todas las doctrinas de la horizontalidad. Esos sóviets, apoyados por anarquistas y socialistas revolucionarios, tuvieron su nacimiento en varias ciudades de Rusia y serían capitales para entender el triunfo de la revolución a posteriori.

El fracaso de la Revolución de 1905, la autoritarización del zarismo en el periodo de 1906-1914 y las consecuencias del estallido de la Primera Guerra Mundial, posibilitaron un nuevo proceso revolucionario que, esta vez sí, se va a convertir en triunfante.

El anarquismo sería protagonista de aquel proceso, pues muchos libertarios que estaban en el exilio por la persecución que en los años anteriores se había producido contra los anarquistas, volvieron al país: Volin, Archinov, Emma Goldman, Alexander Berkman, etc. Además, se venían a unir a un movimiento anarquista cada vez más cohesionado, con importantes núcleos en Moscú, Petrogrado, Kronstadt y Ucrania. Esos anarquistas tuvieron un papel protagonista en la caída del zarismo en febrero de 1917 y la organización de una respuesta socialista al gobierno provisional, denunciando el incumplimiento del programa revolucionario. Junto a socialistas revolucionarios de izquierda y el liderazgo de los bolcheviques, los anarquistas fueron protagonistas de la revolución de octubre de 1917. También fueron los anarquistas quienes dinamizaron el sóviet de Kronstadt, que prácticamente fue una república independiente al gobierno provisional. Federaciones de ámbitos local, como las que se estructuraron en Moscú y Petrogrado, tuvieron una actividad protagonistas en las jornadas revolucionarias de 1917.

La llegada al poder de los bolcheviques vino acompañada de una guerra civil, mantenida por las potencias extranjeras que se oponían al proceso revolucionario. Aunque los anarquistas estuvieron siempre en el bando de la revolución, denunciaron igualmente la deriva autoritaria del bolchevismo, al que acabó enfrentándose.

Aun así, el proceso abierto en 1917 dio paso a experiencias comunistas libertarias, encabezadas por anarquistas que en Ucrania tuvieron la mejor expresión. Dirigidos por Néstor Majnó, un campesino ucraniano de la zona Gulay Polé, que había impulsado el sóviet local, conformó un ejército campesino que logró estructurar toda una zona libre en el oriente de Ucrania, bajo presupuesto libertarios. La mayoría de los integrantes de aquel movimiento eran anarquistas y aunque llegaron a acuerdos con el Ejército Rojo para derrotar a las tropas del Ejército Blanco, acabaron enfrentándose también al gobierno soviético y fueron aplastados. Igualmente, el anarquismo ucraniano no se agotó con el majnovismo, sino que existió una poderosa organización: la Confederación Anarquista "Nabat", muy extendida por todo el territorio ucraniano. Lo mismo sucedió en la ciudad de Kronstadt, plaza fuerte del Báltico, compuesta por marinos, muchos de los cuales persuadidos por las ideas libertarias, reclamaron en febrero de 1921 sóviets libres sin control político y libertad de prensa. Aunque no fue un movimiento anarquista fue importante su participación, quedando liquidada la revuelta por el gobierno soviético en marzo de 1921.

Aunque en los años siguientes, el anarquismo siguió presente en la sociedad rusa y algunas de sus estructuras fueron permitidas o toleradas por las autoridades soviéticas, el gobierno cada vez más autoritario de los comunistas acabó por laminar la alternativa anarquista, que acabó en la cárcel o el exilio. Algunos de esos anarquistas rusos, como Majnó, Volin o Piotr Archinov marcarían interesantes debates organizativos en la década de 1920 y 1930 desde su exilio parisino.

Sin embargo, la experiencia rusa no cayó en saco roto, y los logros obtenidos por los anarquistas en aquellos años sirvieron como ejemplo para otros lugares. Además, en un momento clave pues el fascismo y el autoritarismo se cernía como una sombra por distintos lugares de Europa y la represión comenzaba a desgastar y laminar al movimiento anarquista. Lugares donde el anarquismo había tenido un papel protagonista como Italia o Rusia, languidecían de forma rápida.

Sin embargo, fue en aquellos años donde el empeño por construir una nueva internacional dio sus frutos, aunque muy circunscrita al ámbito sindical. La Revolución rusa vino de la mano de la creación de una nueva internacional, que cubría los vacíos dejados por la desaparición de las dos experiencias anteriores. La Segunda Internacional, que había nacido en París en 1889 sin el concurso de los anarquistas, murió en los años de la Primera Guerra Mundial, víctima de unos debates que yuguló al movimiento socialista. Esto fue aprovechado por los bolcheviques, que ya desde 1915 pergeñaban la posibilidad de crear una nueva internacional y que vio la luz una vez que el proceso revolucionario triunfó. Nació en 1919 dos estructuras: la Komintern o Tercera Internacional y la Internacional Sindical Roja (ISR) o Profintern.

Los anarquistas de todo el mundo acudieron a los congresos convocados en Moscú por ambas entidades. Pero comenzaron a surgir conflictos por dos razones. La primera por el modelo organizativo, pues tanto la Komintern como la Profintern respondían a los criterios y modelos del nuevo estado soviético. Eso chocaba con la dinámica horizontal y federal que siempre defendió el anarquismo. Y, en segundo lugar, porque todos los anarquistas del mundo, admiradores de los logros del pueblo ruso, criticaron la actitud que el gobierno mantenía con los grupos anarquistas de Rusia. Eso llevó a que si bien en un primer momento algunas secciones se adhirieron a las nuevas estructuras comunistas, posteriormente optaron por separarse. Desde ese momento el movimiento obrero internacional tuvo tres actores principales. Uno pujante, el comunismo, y otros dos que trataban de mantenerse, el socialismo y el anarquismo.

Para poder articular sus actividades, en el año 1922 se reunieron en Berlín distintas secciones sindicalistas revolucionarias con el objetivo de poner en marcha una internacional que las coordinase. Impulsado por el alemán Rudolf Rocker, se refundó la Asociación Internacional de los Trabajadores (AIT), y a ella se afiliaron casi todos las organizaciones sindicalistas revolucionarias y anarcosindicalistas del mundo.

Sin embargo, los tiempos no acompañaron.

El flujo y reflujo de la Idea. El periodo de entreguerras y el fin de la Segunda Guerra Mundial

A pesar de la nueva organización internacional que se había fundado, el anarquismo entró en una etapa de reflujo debido a varias cuestiones. La primera de ellas fue el avance del fascismo y de gobiernos autoritarios por diversos puntos de Europa y América, que tenían en su agenda la represión contra el movimiento anarquista. Italia, que había sido uno de los países clave en el desarrollo del anarquismo, fue tomado por los fascistas de Benito Mussolini, que persiguieron sin descanso a todas las estructuras del movimiento obrero. Portugal, que también tuvo una importante implantación del anarquismo desde el siglo xix, vio como un gobierno militar encabezado por el general Carmona primero y Salazar después condenaba a los libertarios a la cárcel, la muerte o el exilio. En diversos puntos de Centroeuropa (Rumanía, Hungría, los Balcanes, Polonia, etc.), aunque el anarquismo no fuese el movimiento mayoritario también vio como sus incipientes estructuras desaparecían bajo la represión. En última estancia, Alemania y Austria también siguieron el mismo camino. EE. UU., tras un momento álgido del anarquismo al calor del desarrollo de la Revolución rusa, fue durante perseguido, y tras el asesinato de los anarquistas italiano Nicola Sacco y Bartolomeo Vanzetti en la silla eléctrica, el movimiento sindicalista revolucionario norteamericano entró en crisis. Algo similar sucedió en lugares como Japón, donde si bien el anarquismo no fue tan poderoso como en otros países, tuvo momentos de influencia a inicios del siglo xx. La ejecución del anarquista Denjiro Kotoku en 1911 fue el inicio del declive de los libertarios. China conoció también un importante movimiento anarquista, representado por Li Yáontang, más conocido como Ba Jin, pero tras la represión de la Comuna de Shanghái de 1927 y la larga guerra que asoló el país, acabó por laminarlo.

Por otra parte, la aparición con fuerza de los partidos comunistas hizo bascular a los movimientos obreros en muchos países. Zonas como Francia, donde el movimiento libertario había sido muy fuerte, vio como parte de sus efectivos se pasaban a las filas del recién nacido Partido Comunista. Algo que también sucedió en países como Alemania, Italia, Cuba o EE. UU. Tan solo España y Argentina mantenían una preponderancia del movimiento anarquista frente a sus rivales en el campo del obrerismo.

Así transcurrió la década de 1920 y 1930, donde el exilio se convertiría en seña de identidad del movimiento anarquista de todo el mundo. Cuando estalló la Segunda Guerra Mundial, los anarquistas pasaron a engrosar las filas de la resistencia antifascista. En algunos casos enganchando luchas desde mucho tiempo antes, como había sucedido en Italia, Alemania o España. Los anarquistas estuvieron dentro de los grupos de la resistencia urbana, en las guerrillas partisanas o, incluso, en los ejércitos regulares. Importantes fueron las participaciones anarquistas en movimientos partisanos en Italia, donde había grupos enteros compuestos por anarquistas italianos, o en la resistencia francesa. Aunque se volverá a citar en el siguiente bloque, también los anarquistas españoles participaron de esta resistencia antifascista europea unida a su lucha contra el franquismo en España.

La finalización de la Segunda Guerra Mundial en favor de las armas aliadas y la derrota del fascismo no vino acompañada de una reconstrucción del movimiento anarquista tal y como se había conocido en los años previos al conflicto mundial. Ciertamente, los anarquistas siguieron manteniendo y desarrollando su Asociación Internacional de los Trabajadores, que siguió afiliando a secciones, algunas de ellas todavía en el exilio. Igualmente, los distintos grupos y federaciones anarquistas nacionales fundaron en la ciudad de Carrara en el año 1968 la Internacional de Federaciones Anarquistas (IFA).

Y es que 1968 fue un año clave para un resurgir libertario en conexión con lo que sucedió en París en mayo de ese año. La idea de una autogestión obrera, social, del método asambleario y horizontal de organización, la puesta en duda del modelo nacido tras la Segunda Guerra Mundial, tuvo a los anarquistas como ejes inspiradores y participantes. Al calor de ese movimiento surgieron diferentes grupos y defensa de un anarquismo, que en ocasiones se alejaba de las concepciones más clásicas o lo unía a nuevas formas organizativas. Esto llevó incluso a una división de los organismos libertarios, que se debatían entre adaptarse a las circunstancias o mantener firmes sus pensamientos y estructuras.

En algunos países las ideas anarquistas siguieron permanentes y sus estructuras y conquistas fueron adoptadas de forma generalizada, aunque en otros contextos sociales. El mundo bipolar que nació tras la Segunda Guerra Mundial entre las dos superpotencias y su desaparición de la URSS entre 1989 y 1991, no sirvió para encauzar una alternativa libertaria efectiva. Al principio por no tener la suficiente fuerza para generar una alternativa a la bipolaridad y después porque la crisis del movimiento comunista tras la caída del muro de Berlín afectó a toda la izquierda revolucionaria en general.

Aun así, siempre que ha habido movimientos alternativos de protesta, como todo lo relacionado con el 15-M, las primaveras árabes o el Occupy Wall Street, así como en los distintos movimientos sociales, la impronta de las ideas libertarias queda plasmadas. Unido, todo ello, a que estructuras internacionales como la AIT, la CIT (Confederación Internacional del Trabajo) o la IFA siguen desarrollando sus actividades.

Segunda parte

El movimiento anarquista en España

La llegada de las ideas anarquistas. La fundación de la Primera Internacional en España

Al igual que en el resto del mundo, en España hubo un desarrollo de las ideas sociales y socialistas desde la primera mitad del siglo XIX. Antes de la llegada de la Internacional a España en 1868, existieron movimientos, expansión de ideas y de periódicos que defendieron o trataron de impulsar el ideario socialista. En el caso español, las doctrinas de Charles Fourier y las de Étienne Cabet tuvieron mayores ecos que cualquiera otra. Al calor de los movimientos democráticos y republicanos, se movieron personajes como Fernando Garrido, Joaquín Abreu o Margarita Pérez de Celis, que defendieron desde las páginas de periódicos como *El pensil de Iberia* las ideas de Fourier y la introducción de los conceptos de igualdad y socialismo en la sociedad. Su influencia se centró en la zona de Andalucía, donde con el paso del tiempo se formó un poderoso movimiento anarquista. En la zona catalana, surgió un grupo mucho más apegado a las teorías ofrecidas por el francés Cabet, que en su obra *Viaje a Icaria* ofrecía un modelo alternativo basado en la administración de las cosas y el comunismo económico. Personajes como el científico Narciso Monturiol o el político Abdón Terradas o, incluso, el urbanista Ildefonso Cerdá, tuvieron contactos y participaron de los distintos círculos cabetianos.

Pero no todo fue influencia teórica. Desde la década de 1840 en España floreció un incipiente movimiento obrero que mostró su cara reivindicativa y societaria en diversos momentos, adquiriendo papel protagonista en procesos como la revolución de 1854. Además, republicanos como Francisco Pi i Margall comenzaban a dar a conocer a la sociedad española los textos y teorías del anarquista francés Pierre Joseph Proudhon.

Sin embargo, habría que esperar a la fundación de la Primera Internacional en 1864 para que las ideas anarquistas tuvieran eco y expansión entre la clase obrera. Aunque la participación española en los congresos obreros internacionales no llegó hasta 1868, cuando Antonio Marsal Anglora (Sarro Magallán) participó del congreso de Ginebra, el desarrollo de una sección de la Internacional en España hay que entenderla en el contexto de la revolución democrática española de 1868. Si en septiembre un proceso revolucionario puso fin al reinado de Isabel II, en diciembre llegó el primer delegado de la Internacional a España: el anarquista italiano Giuseppe Fanelli Ribera. Aunque desde hacía semanas, algunos socialistas extranjeros como Aristides Rey o Elie Reclus estaban observando el desarrollo revolucionario español, Fanelli llegó con el mandato explícito de constituir una sección de la Internacional. Amigo personal de Bakunin, del que era seguidor, Fanelli llegó a España y visitó lugares como Barcelona, Valencia o Madrid. En esos lugares tomó contacto con los grupos más avanzados tanto con conocimientos del socialismo como del republicanismo más incipientes. Personalidades como Rafael Farga Pellicer, José Luis Pellicer, Tomás González Morago, Enrique Simancas, Francisco Mora o Anselmo Lorenzo, fueron integrantes de aquel primer núcleo que conformó la Internacional en España.

La llegada de Fanelli también significó que las ideas de Bakunin fueron mejor conocidas que las de Marx. El anarquista italiano trajo bajo el brazo los estatutos de la Asociación Internacional del Trabajadores y de la Alianza de la Democracia Socialista, que en el interín de su visita a España había quedado disuelta. Este detalle generó un conflicto *a posteriori* entre bakuninistas y marxistas, pues entendieron los segundos que la Alianza siguió funcionando a pesar de su disolución, como un organismo de control de la Internacional.

Aunque esa ruptura se ejemplificaría mucho más tarde, en el momento que Fanelli llegó a España comenzó la estructuración de un poderoso movimiento obrero. A los fuertes núcleos obreros internacionalistas de Madrid, Barcelona o Valencia, muy pronto se les unió otro como Sevilla o Cádiz. En 1870 se celebró el primer congreso obrero en España en la ciudad de Barcelona, donde quedó formalmente constituida la Federación Regional Española (FRE) como sección de la Internacional. La sede de su primer consejo federal estuvo en Madrid y fue en la capital de España donde se publicó el periódico *La Solidaridad*. En Barcelona, los grupos alrededor de Rafael Farga Pellicer y su periódico *La Federación* desarrollaron toda una propaganda internacionalista bakuninista. En el congreso de Barcelona, Farga Pellicer afirmo: "somos en política anarquistas, en economía colectivistas y en religión ateos". En Sevilla, el grupo se estructuró alrededor del periódico *La Razón* fundado por Nicolás Alonso Marselau. Este grupo español también contribuyó al desarrollo de los primeros núcleos internacionalistas en Portugal. Además, en la

Internacional coincidieron desde integrantes puramente obreristas hasta republicanos, pues todos se sentían identificados con los ideales que extendía el proyecto.

El desarrollo de la Internacional fue rápido y las autoridades comenzaron a temer su propio desarrollo. Al calor de la represión contra la Comuna de París y el cada vez mayor eco de las doctrinas socialistas, comenzó en el Congreso de los Diputados un debate para ilegalizar la Internacional.

Pero no solo la persecución fue el factor en contra de la Internacional. En aquellos momentos ya se estaba generando en el interior de la misma un debate de posiciones que enfrentó a Marx y Bakunin. La sección española era mayoritariamente bakuninista, aunque a mediados de 1871 llegó huyendo de la Comuna de París a España el yerno de Karl Marx: Paul Lafargue. Lafargue, que vino con el contacto de Anselmo Lorenzo en Madrid, pronto logró hacerse eco de las ideas de Marx entre un pequeño grupo de trabajadores en la capital de España. Aquí es donde volvió a brotar la conflictividad al calor de la Alianza de la Democracia Socialista. Lafargue acusó que en España la Alianza seguía funcionando y que sus integrantes controlaban los organismos obreros y societarios españoles. Acusaba que el control era ejercido de forma directa por Bakunin. Frente a esto, los bakuninistas españoles se defendieron diciendo que la Alianza en España nada tenía que ver ni con Bakunin ni con los propósitos que se le acusaban. Que esa estructura solo era entendida como un mecanismo de coordinación ante eventualidades críticas que pudiera poner en peligro las estructuras obreras y/o revolucionarias. El defensor con más vehemencia de esta postura fue Tomás González Morago. Mientras el pequeño grupo marxista se hizo con el control del periódico *La Emancipación* y constituyó un nuevo organismo obrero llamado Nueva Federación Madrileña, Tomás González Morago fundó el periódico *El Condenado* y siguió defendiendo que la única sección en Madrid era la Federación Local de la FRE. Si el Consejo General de Londres, dirigido por Marx y Engels, reconoció a la Nueva Federación Madrileña, el Consejo Federal de la FRE consideraba que era la Federación Local de Madrid la oficial y que el núcleo que había impulsado Lafargue se tenía que fusionar con el primero.

Las posiciones llegaron muy enfrentadas a la celebración del congreso de la Internacional que se celebró en Zaragoza en abril de 1872. Allí, aunque ambas tendencias, muy desiguales en número e implantación, parecían que llegaban a un acuerdo, en realidad fue el principio del fin. Ciertamente, un anarquista como Anselmo Lorenzo y un marxista como Paul Lafargue, redactaron en aquel congreso el concepto de la propiedad que se aprobó como dictamen. Igualmente, aquel congreso ratificó los principios antiestatistas y colectivistas. La FRE seguía siendo mayoritariamente antiautoritaria. Pero incluso, en las propias páginas de La Emancipación, durante mucho tiempo los artículos defendían posiciones claras de antiestatismo, alejadas aun del ideario marxista.

Aunque parecía que Zaragoza había cerrado la polémica, en realidad solo fue un cierre en falso y pronto volvió a brotar el enfrentamiento entre bakuninistas y marxistas. Con Lafargue fuera ya de España, se celebró el Congreso de La Haya en 1872. A él acudió una representación de la FRE encabezada por Tomás González Morago, Nicolás Alonso Marselau, Rafael Farga Pellicer y Charles Alerini, todos ellos bakuninistas. La escasa participación de los seguidores de Bakunin en aquel congreso, las acusaciones de Lafargue y la expulsión que se aprobó contra Bakunin, Guillaume y Schwitzguébel, hicieron que el Consejo General de Londres dominase la situación. Pero eso no se dio en España. La misma delegación que fue a La Haya acudió al congreso de Saint Imier, y allí rechazaron los acuerdos tomados en la ciudad holandesa. La Internacional había quedado dividida entre anarquistas y marxistas.

La división en España llegó más tarde. Aquellos acuerdos de Saint Imier quedaron ratificados en el Congreso de Córdoba, que se celebró entre finales de diciembre de 1872 e inicios enero de 1873. La Nueva Federación Madrileña, integrada por algunos históricos como Francisco Mora o Pablo Iglesias, quedó excluida de la FRE. El movimiento obrero español fue aplastantemente anarquista y así se mantuvo durante mucho tiempo.

Sin embargo, aquellas fronteras que quizá en algunos personajes era muy clara, en otros era más difusa. Poco después del congreso de Córdoba se proclamó en España la Primera República, contando con la participación de muchos integrantes de la Internacional. Esos internacionalistas, muchos de ellos simpatizantes o próximos a las doctrinas de Bakunin, participaron de la revolución cantonal a título individual o como sociedades obreras locales, pues la FRE como tal no apoyó el movimiento. No así el proceso huelguístico y de movilización que se produjo en Alcoy, sede entonces del Consejo Federal de la FRE, en julio de 1873, cuyo resultado fue una proscripción de la Internacional y la persecución contra su principal dirigente, el maestro Severino Albarracín.

El fracaso de la República, tras el golpe de Estado de Pavía, la implantación de un modelo autoritario dirigido por el general Francisco Serrano y el golpe de Estado de Martínez Campos en diciembre de 1874, puso fin a la experiencia democrática del Sexenio. También a la Primera Internacional que fue perseguida por las autoridades de la Restauración.

Pero las bases del movimiento anarquista en España habían quedado fijadas.

La lucha obrera, la represión y la clandestinidad

Si algo quedó fijado tras el desarrollo del movimiento obrero en el Sexenio Democrático, fue que el anarquismo español iba a tener una estructura dual. Por una parte, se iba a desarrollar un movimiento obrero y societario, donde bajo los principios libertarios estructurarían una lucha que combinaba la reivindicación de los derechos de los trabajadores de forma inmediata para mejorar sus condiciones materiales y de vida y una posición finalista para superar las desigualdades del sistema capitalista. Pero, por otra parte, el anarquismo también defendería el modelo organizativo específico, de grupo, que a través de la agitación y la propaganda hiciese las ideas anarquistas lo más extensivas posibles entre la población. Esa dimensión obrera y específica anarquista sería la seña de identidad del movimiento libertario.

La FRE, como tal, desapareció bajo la persecución de la Restauración, pero mantuvieron una Comisión Federal que siguió articulando las actividades de las sociedades obreras allá donde podía llegar. Los grupos anarquistas, por su parte, basándose en la Alianza de la Democracia Socialista, siguieron manteniendo sus estructuras locales de afinidad. Grupos como "Los Defensores de la Internacional" tenían ese cometido, de mantener a las estructuras en los peores momentos para la futura reorganización en la legalidad.

Aunque las actividades anarquistas siguieron presentes, el periodo que media entre 1875 y 1880 fue muy complicado, dado que la falta de libertades en el gobierno de Cánovas imposibilitaba cualquier avance. Los anarquistas buscaban la libertad y la legalidad organizativa para poder hacer extensivo su ideario y movimiento de masas.

Y fue gracias a esas estructuras que se mantuvieron en la sombra durante mucho tiempo, las que posibilitaron que al calor de la legalización de asociaciones, en 1881 se constituyese la Federación de Trabajadores de la Región Española (FTRE). Continuador natural de la FRE, este organismo se declaró colectivista (seguidor de Bakunin) y heredero de lo que había sido el legado de la Primera Internacional en España. Fundada en Barcelona, donde tuvo una fuerza hegemónica en el movimiento obrero, volcó todos sus esfuerzos y trabajo hacia el campo societario, con figuras representativas como José Llunas Pujals o el ya conocido Rafael Farga Pellicer. Aglutinó varios miles de afiliados con una importante implantación en Cataluña y Andalucía.

Pero aquellos tiempos fueron complicados para la FTRE por dos motivos. En primer lugar, porque a nivel ideológico se venía desarrollando un importante debate doctrinal en el anarquismo que iba a afectar a la propia FTRE. Si estos eran defensores del colectivismo, desde la década de 1880 comenzaron a aparecer en España grupos de carácter anarcocomunista, defensores de las ideas de Kropotkin o, un poco más tarde, la de aquellos que consideraban que lo de menos era el apellido, pues todos eran anarquistas. Surgía así también un "anarquismo sin adjetivos" encabezado y defendido por el español Fernando Tarrida del Mármol. Tampoco podemos olvidar las aportaciones que en aquellos años tuvo el italiano Errico Malatesta, que visitó España y causó un profundo impacto.

Los debates doctrinales sirvieron para ir basculando la posición de los anarquistas españoles que de un hegemónico colectivismo fueron pasando paulatinamente a posiciones comunistas. Además, esos debates doctrinales generaron también una enorme cantidad de cabeceras de periódicos en el movimiento anarquista, que fueron perfectas plataformas de ideas. Cientos de periódicos anarquistas circularon por todo el territorio.

Pero, por otra parte, una serie de acontecimientos en Andalucía iban a marcar el destino de la FTRE. La conflictividad en el campo andaluz siempre fue muy importante y el arraigo de las ideas anarquistas se debía a una confianza que los jornaleros sin tierra vieron en las ideas libertarias. Sin ir más lejos, el anarquismo establecía que la tierra tenía que ser para quien la trabajaba. Sin embargo, entre los años 1882 y 1883 se produjeron unos sucesos en algunos puntos del campo andaluz que las autoridades no tardaron en atribuir a los anarquistas. Se acusó a una organización denominada "La Mano Negra" cuyos estatutos habían sido localizados por la Guardia Civil, casualmente, debajo de una piedra en el campo. Se suponía que el objetivo de esta organización era generar un levantamiento general en el campo andaluz, utilizando medios como el asesinato y el incendio. El asesinato de un matrimonio de venteros en 1882 y de dos campesinos en 1883 fue atribuido a la Mano Negra. La existencia de esta organización esta puesta en duda, y es posible que ni llegase a existir y fuese un chivo expiatorio. Pero su sola posible existencia fue motivo de actuación represiva contra los anarquistas, alguno de los cuales acabaron en el cadalso. Aquel movimiento significó el punto de inflexión de la FTRE, que aunque nada tuvo que ver con los sucesos fue estigmatizada y perseguida. Paulatinamente fue perdiendo peso hasta que se disolvió en 1888.

El anarquismo entraba en un túnel donde la luz no se atisbaba. La ruptura de la FTRE hizo que el movimiento se dividiese en dos organismos. Una estructura obrera, mucho más laxa que la antigua FTRE, que sirviese para coordinar las actividades societarias y un organismo que articulase a los distintos grupos anarquistas diseminados por el territorio. Nacieron en 1888 el Pacto de Unión y Solidaridad y la Organización Anarquista de la Región Española (OARE). Aunque tuvo un corto recorrido, la OARE respondía al modelo organizativo de la Alianza en un momento complicado para el anarquismo.

En aquel momento de debilidad fue cuando se produjo la irrupción de una serie de atentados de signo anarquista que marcaría la crisis del periodo finisecular en España. En 1892 el anarquista Paulino Pallás atentó contra Arsenio Martínez Campos con una bomba. Atentado fallido que no evitó la sentencia de muerte contra Pallás. Como respuesta a la ejecución de Pallás, Santiago Salvador lanzó una bomba ese mismo año en el teatro Liceo de Barcelona, causando numerosas víctimas. El *modus operandi* de Salvador difería del de Pallás. Capturado, igualmente, fue procesado y ejecutado a garrote vil. Los atentados continuaron, aunque el siguiente que se cobró víctimas mortales fue el perpetrado en 1896 durante una procesión del Corpus Christi en Barcelona. Esta bomba fue motivo por el cual el gobierno inició una persecución contra el anarquismo que acabó con cinco anarquistas ejecutados en los fosos de Montjuic. Nunca se demostró la culpabilidad de aquellos anarquistas, que fueron utilizados como chivos expiatorios. Sin embargo, un año después, el anarquista italiano Michelle Angiolillo cometió un magnicidio asesinando al presidente del gobierno Antonio Cánovas del Castillo en el Balneario de Santa Águeda, en Guipúzcoa. La motivación de Angiolillo fue vengar a los anarquistas ejecutados en Montjuic meses antes. El italiano fue detenido, juzgado y ejecutado en garrote vil.

Si bien es verdad que los atentados continuaron y a inicios del siglo xx hubo intentos de atentado contra Antonio Maura en 1904 por el anarquista Miguel Artal, contra Alfonso XIII en 1905, 1906 (el perpetrado por Mateo Morral) o 1913 (el ejecutado por Sancho Alegre), contra el presidente José Canalejas que fue asesinado por el anarquista Manuel Pardiñas en noviembre de 1912 o contra el presidente Eduardo Dato en 1921, la naturaleza de estos atentados y violencia respondía a criterios distintos. Además, la inmensa mayoría del movimiento anarquista condenaba el atentado como vía reivindicativa y se desligaba de cualquier vinculación hacía ellos. Aun así, estas actuaciones permitían que el gobierno contemplase y desarrollarse leyes de excepción y antiterroristas que afectaba al conjunto del movimiento obrero y del anarquismo. Con motivo de la represión ejercida contra el anarquismo a finales del siglo xix, cientos de anarquistas fueron detenidos, encarcelados y deportados, mientras otros optaban por salir de España para evitar las represalias a pesar de no compartir los procedimientos.

Esta oleada violenta, que se salía del modelo de los anarquistas españoles, más preocupados por la organización y el mundo societario, comenzó a superarse a finales del siglo XIX e inicios del XX al calor del surgimiento de una nueva organización que marcaría el embrión del futuro movimiento obrero libertario: la Federación de Sociedades Obreras de la Región Española (FSORE).

Se iniciaba un nuevo ciclo del anarquismo español.

Del inicio del siglo XX a la fundación de la CNT

El inicio del siglo XX vino de la mano de una importante crisis de carácter económico, consecuencia todavía de 1898. Entre el año 1901 y 1902 se desarrollaron una serie de huelgas en diversos puntos de España que adquirieron categoría de generales. Un modelo de huelga científica, donde los trabajadores ejercieron el concepto de "huelga solidaria" donde incluso sectores laborales que no estaban implicados en la conflictividad se comprometían en el proceso. En lugares como Barcelona el gobierno recurrió al Estado de Guerra y al ejército para reprimir la movilización.

Aunque aquel proceso huelguístico fracasó dejó clara dos cosas. La primera que el movimiento obrero encabezado por los anarquistas tenía influencia y poder. La clase patronal vio con temor aquella movilización y algunas reivindicaciones obreras se tuvieron que tener en cuenta. En segundo lugar, y esto fue algo comprendido por los libertarios, se vio la necesidad de una organización que hiciese que aquel movimiento huelguístico solidario fuese general en toda España. La FSORE era demasiado débil para ello y se estimaba la necesidad de estructurar un movimiento obrero más general que aglutinase a las sociedades obreras que no estaban dentro de la UGT. Además, en España ya se conocía el desarrollo del sindicalismo revolucionario francés, por lo que la idea era desarrollar un organismo similar a la CGT francesa tomaba fuerza.

El origen y embrión de ese organismo se dio en Barcelona, cuando en el año 1907 nació una entidad obrera local llamada Solidaridad Obrera junto a un periódico que tenía el mismo nombre. Esa sociedad local pasó muy pronto a ser provincial y luego regional. Solidaridad Obrera, organismo que afilió a trabajadores de todo tipo, consiguió en poco tiempo hacerse más influyente y poderosa que una siempre embrionaria UGT catalana. Muchos socialistas, muy a pesar de la dirección del PSOE, optaron por afiliarse a Solidaridad Obrera y no a la UGT. El modelo adoptado por Solidaridad Obrera fue el del sindicalismo revolucionario y sirvió como embrión de la futura CNT.

Pero el anarquismo no solo se circunscribió al ámbito obrero. Desde su nacimiento promovió y desarrolló una cultura alternativa a la sociedad capitalista y burguesa. En los centros anarquistas se fundaban bibliotecas, escuelas y tertulias, clubs de lectura, grupos de teatro, que por medio de un carácter divulgador pudiese hacer más extensivas las ideas. Eso confirió al anarquismo una posición de alternativa eficiente y logró conectar con una clase obrera explotada.

Una de las principales actividades que los libertarios desarrollaron fue la educación. Al calor de los conceptos pedagógicos renovadores de Europa (Pestalozzi, Fröebel) o de las experiencias como la de Paul Robin en el Orfelinato de Cempuis en Francia, en España se fue desarrollando toda una red de escuelas laicas y centros de instrucción dentro de los ateneos anarquistas. Con la misión de alfabetizar a los hijos e hijas de los trabajadores, numerosos anarquistas como Soledad Gustavo, Federico Urales o Ricardo Mella impulsaron estas experiencias.

De todas las iniciativas, la más importante fue la de Francisco Ferrer Guardia. Ferrer Guardia, exiliado republicano del círculo de Ruiz Zorrilla, intelectual y masón, conoció en Francia algunas de las experiencias y corrientes renovadoras de la pedagogía. Abrazando las ideas anarquistas, Ferrer consiguió reunir el dinero suficiente para poder abrir en 1901 en Barcelona la Escuela Moderna. Proyecto pedagógico basado en una educación racional, con base científica, coeducación de sexos y contacto con la naturaleza, la escuela de Ferrer fue creciendo con el paso de los cursos. Junto a la escuela, también fundó una editorial con el mismo nombre, que rodeada de los intelectuales más importantes del momento, tradujo y puso en circulación gran cantidad de obras de carácter histórico, literario y científico.

Pero aquel proyecto contó con la animadversión de los sectores conservadores y religiosos de la sociedad. Se acusó a Ferrer (así como a toda la red de escuelas laicas) de pervertir la infancia con el ateísmo. Declarado enemigo público número uno, Ferrer fue acusado de estar detrás del atentado que Mateo Morral perpetró contra Alfonso XIII el día de su boda en 1906. Por ello las puertas de la Escuela Moderna fueron clausuradas pero no así la editorial que también había fundado con el mismo nombre. Ferrer fue absuelto, pero las puertas de su proyecto pedagógico ya no volvieron a abrir.

En 1909, en pleno proceso expansivo de España en el norte de África, se produjo el desastre del Barranco del Lobo, que provocó la muerte de varios militares españoles. El gobierno conservador de Antonio Maura decidió movilizar a más soldados para enviarlos a Marruecos, lo que provocó una respuesta por parte del movimiento obrero en Barcelona. En julio de 1909 se convocó una huelga general para impedir el embarco de los hijos de los trabajadores que se convirtió en una semana de conflictividad. Aquí hay que distinguir las reivindicaciones obreras encabezadas por Solidaridad Obrera y los socialistas, del movimiento anticlerical popular que se desató en la capital catalana. Aquel proceso conocido como la Semana Trágica, finalizó con la intervención del ejército y numerosas detenciones y juicios, que acabaron con cinco penas de muerte. Entre los detenidos estaba Francisco Ferrer Guardia, acusado de ser el instigador del movimiento, cuando nada tuvo que ver en el mismo. En aquella ocasión Ferrer fue condenado a muerte y ejecutado en Montjuic en octubre de 1909. Una ola de protestas se extendió por toda España y Europa contra Maura y Alfonso XIII, provocando la caída del gobierno y la revisión del juicio que declaró a Ferrer inocente en 1910.

Aquel movimiento de julio de 1909 concienció definitivamente a los sectores obreristas libertarios que era necesario articular un organismo obrero de carácter nacional. Una cuestión que con el desarrollo de Solidaridad Obrera se venía reclamando desde otros puntos de España. Si bien Solidaridad Obrera tuvo que retrasar su congreso por los sucesos de la Semana Trágica, los días 30 y 31 de octubre y 1 de noviembre de 1910 se reunió en el Palacio de Bellas Artes de Barcelona el congreso de Solidaridad Obrera. Allí se tomó el acuerdo de reconvertirse en un organismo nacional, que aglutinase a las sociedades obreras dispersas por todo el territorio. Aunque en su fundación participaron socialistas y republicanos, fueron los anarquistas el grupo mayoritario. Además, siguiendo el esquema de Solidaridad Obrera, el modelo sindical adoptado sería el del sindicalismo revolucionario, en consonancia con los franceses. En ese momento nació la Confederación Nacional del Trabajo (CNT), que iba a ser llamada a ser la central sindical más importantes en muchos puntos del país.

Los anarquistas habían conseguido el objetivo de volver a articular su movimiento obrero.

El movimiento libertario en la crisis de la Restauración

Los inicios de la CNT no fueron fáciles. Su objetivo primario de extenderse por diversos puntos de España fue frenado pronto. La convocatoria de una huelga general en septiembre de 1911 acabó con la CNT ilegalizada por el gobierno de Canalejas. La situación se tendió a complicar cuando en noviembre de 1912, el anarquista Manuel Pardiñas asesinó a Canalejas en la Puerta del Sol. Aunque la CNT no tuvo nada que ver en el atentado, los grupos anarquistas y las sociedades obreras sufrieron una persecución posterior.

Habría que esperar al año 1914 para que la CNT volviese a la legalidad, aunque sus estructuras aun eran muy embrionarias. Ese mismo año estalló la Primera Guerra Mundial y como se vio más arriba, generó un debate en el movimiento obrero. Organizado por los anarquistas portugueses y españoles, se convocó en 1915 un Congreso Internacional por la Paz en la ciudad de Ferrol con el objetivo de constituir una oficina de relaciones contra la guerra. Se convocó a todos los grupos anarquistas, socialistas y republicanos del mundo, pero la situación de guerra hizo que solo unos pocos lograran llegar a la ciudad gallega. Aquellas delegaciones eran, sobre todo, de anarquistas portugueses, españoles y franceses, aunque estos últimos por delegación. El gobierno prohibió la celebración del congreso, expulsó a los anarquistas extranjeros del territorio español pero no pudo impedir que los españoles hablasen allí de la reorganización de la CNT, aprovechando aquella reunión. Por entonces ya comenzaban a tener influencia en el ámbito obrero nacional y libertario militantes de la CNT como Ángel Pestaña, Salvador Seguí, Evelio Boal o Ángel Lacort.

A partir de ese momento, la CNT se va a convertir en una referencia de la clase obrera española. La crisis económica en España iba a provocar un aumento del movimiento del obrero y un acercamiento entre las dos organizaciones sindicales. En 1916 pactaron por primera vez la UGT y la CNT en la Asamblea de Valencia, con el objetivo de plantear una huelga general en todo el país, debido a la situación en la que se encontraba la clase obrera española. España era neutral en la Primera Guerra Mundial, se había convertido prácticamente en el único exportador de productos en Europa y eso había llevado a dos cuestiones. La primera a una reconversión de la economía española que entraba de lleno en el circuito capitalista y por otra a un aumento de la balanza comercial que hizo que las riquezas aumentasen en el país. Por el contrario, la clase obrera no vio mejoría en su situación. Sus salarios seguían siendo bajos y el acceso a lo más necesario era difícil. Esa situación límite hizo que el movimiento obrero intentase dar una respuesta a nivel general, promoviendo una política de movilización en favor de sus derechos y en contra del sistema económico.

A lo largo de 1917, la movilización social fue en aumento, y tanto en marzo como en agosto, las centrales sindicales convocaron huelgas generales que acabaron con declaraciones de estado de guerra y la intervención directa del ejército. La crisis era generalizada, pues no solo se circunscribió al ámbito económico y social, sino también al político con el desarrollo de la Asamblea de Parlamentarios y al militar con la creación de las Juntas.

Para el movimiento obrero comenzaba un ciclo huelguístico que se iba a extender hasta el golpe de Estado de Primo de Rivera en 1923. La CNT dio un salto cualitativo y cuantitativo en su desarrollo y el incipiente anarcosindicalismo se iba colocando como una fuerza que buscaba una mejora permanente de las condiciones materiales de la clase obrera junto a una transformación de la sociedad a medio-largo plazo.

Durante el año 1918 las movilizaciones continuaron y se vieron incrementadas una vez que la Primera Guerra Mundial finalizó en noviembre de ese año y España dejó de ser una referencia comercial. Muchas empresas nacidas al calor de los beneficios económicos de los años bélicos fueron cerrando, creando con ello una situación de paro que solo canalizaron los sindicatos obreros. Además, la CNT se mostró como un organismo que era capaz de organizar no solo las movilizaciones del mundo del trabajo sino también del ámbito social. Los trabajadores no solo perdían sus puestos de trabajo sino que junto a ello las posibilidades de acceso a los productos de primera necesidad o de habitabilidad. En aquellos años, los anarquistas lograron organizar a los trabajadores y trabajadoras para reivindicar mejores casas, alquileres más bajos y precios accesibles. En 1918 destacó la Huelga de Mujeres o la movilización de los inquilinos, que tuvieron a la

CNT como uno de los factores de apoyo fundamentales. Además, los anarquistas siempre habían sido un movimiento que dio cabida a las mujeres y sus reivindicaciones en el ámbito organizativo sindical y social. Mujeres como Teresa Claramunt venían desarrollando desde el siglo xix una labor en el campo societario y anarquista de primer nivel. Además, que las mujeres fueran protagonistas de la situación no era nuevo y los demuestra esta huelga de mujeres de 1918 o la anterior de la fábrica de La Constancia en 1913. El mundo sindical femenino tuvo en la CNT una de sus principales referencias.

El siguiente paso que dio la CNT fue adecuar sus estructuras sindicales al nuevo marco económico nacido en esos años finales de la década de 1910. Entre junio y julio de 1918, la regional catalana de la CNT celebró un congreso en Sans donde la estructura de sociedad obreras de oficio fue sustituida por los Sindicatos Únicos de ramo. Esto significaba una unificación de las reivindicaciones y la capacidad de lucha según el ramo productivo y no el oficio. Además, los anarcosindicalistas adoptaron un modelo de movilización solidaria a través de una huelga estudiada donde las reivindicaciones tenían que ser generales y no particulares según el sector. Con estos cambios estructurales, la CNT se convertía en un sindicato moderno y esas disposiciones adoptadas a nivel regional en 1918 fueron aplicadas a nivel nacional en el congreso que la CNT celebró en Madrid en diciembre de 1919. Aquel congreso no solo varió la estructura, sino que a la CNT se adhirieron organismos como la Federación Nacional de Obreros Agricultores (FNOA). Desde hacía años este organismo tenía como finalidad la sociedad anarquista, organizaba a los jornaleros, tenía influencia en el sur del país y elaboró una tabla reivindicativa muy en consonancia con la CNT. En 1919 se fusionó con la central sindical y el salto cuantitativo de la CNT fue evidente. Además, al calor de los sucesos en Rusia, de los que se hablará a continuación, la CNT se marcó una finalidad política y económica: la consecución de una sociedad comunista libertaria. Sin embargo, por los acuerdos adoptados con anterioridad con la UGT, tampoco se descartaba la posibilidad de transformaciones política intermedias que preparasen a la clase obrera a su objetivo final, como podía ser la proclamación de la república. Aunque esta última cuestión no quedaba plasmada en los congresos, sí lo hacía en los acuerdos a corto-medio plazo con el resto de integrantes del movimiento obrero.

Entre ambos congresos, el de Sans y el de la Comedia de Madrid, sucedieron dos acontecimientos que marcaron el devenir de la CNT. Uno a nivel nacional, que marcó el tiempo corto, y otro a nivel internacional, que determinó el tiempo largo.

La primera de ella fue el desarrollo de una huelga en la ciudad de Barcelona que iba a determinar la fuerza de la CNT. En enero de 1919, los trabajadores administrativos de la empresa de luz Riegos y Fuerzas del Ebro, más conocida como La Canadiense (por quienes invertían el capital allí), se pusieron en huelga exigiendo la readmisión de los despidos. Los trabajadores, afiliados a la CNT, iniciaron una negociación infructuosa con la patronal.

Siguiendo los acuerdos adoptados en Sans, la CNT convocó una huelga general en toda la ciudad, haciendo un llamamiento solidario a todas las empresas del sector y a otros sectores laborales. La ciudad de Barcelona se puso en huelga, se quedó a oscuras y los tranvías dejaron de funcionar. Durante 44 días, Barcelona estuvo suspendida laboralmente, se intentó reprimir la movilización y la patronal se negaba a negociar. Pero tanto la CNT como la UGT amenazaron con hacer la huelga general a todo el país, lo que hizo que el gobierno interviniese en el conflicto para llegar a un acuerdo. El acuerdo pasaba por la readmisión de los despedidos, la disminución de la jornada laboral y la libertad de los presos por el conflicto. Las partes cedieron, aunque los presos no fueron liberados. Salvador Seguí dio un multitudinario mitin en la plaza de toros de Las Arenas, mostrando la fuerza del movimiento anarcosindicalista. Una nueva huelga y una comisión sindical negoció directamente con el gobierno del Conde de Romanones la consecución de la jornada de 8 horas de trabajo, que se hizo ley y se tenía que aplicar de formar obligatoria en todas empresas y sectores del país. Por primera vez en la historia de España se aprobaba la jornada de 8 horas de trabajo y tuvo al modelo sindical de la CNT como protagonista.

Fue un triunfo sin paliativos de la CNT y la patronal trató de boicotear el acuerdo alcanzado, no aplicándolo y poniendo otros mecanismos a su alcance para eliminar el poder del anarcosindicalismo.

Y es que ese poder sindical y social se vio también incrementado al calor de los sucesos internacionales que se venían desarrollando desde 1917. El triunfo de la Revolución rusa de ese año y la conciencia que el proletariado internacional adquirió en su posibilidad de triunfo, reforzó al obrerismo de todos los países, incluido España. La fuerza revolucionaria por excelencia en España la tenían los anarquistas, que vieron la posibilidad de un futuro triunfo revolucionario. Aunque en un primer momento la CNT dio su apoyo incondicional a la Revolución rusa y sus consecuencias, adhiriéndose en su congreso de 1919 de forma provisional a la Komintern, las delegaciones desplazadas a Rusia a distintos congresos de la nueva Internacional Comunista variaron la posición del anarcosindicalismo. Primero Ángel Pestaña (que llegó a reunirse con Lenin y con Kropotkin) y luego Gastón Leval, emitieron informes de cuál era la situación de Rusia, la estructura de aquella internacional y el destino que el anarquismo ruso estaba teniendo en el país de los sóviets. A pesar de que existió en la CNT un pequeño sector procomunista encabezado por Andreu Nin y Joaquín Maurín, en la Conferencia de Zaragoza de 1922, la CNT revocó su acuerdo provisional de 1919 y abandonó la Komintern.

Pero los debates internos ideológicos no fueron motivo para que el contexto de desarrollo de una revolución europea alcanzase a España, lo que convertía a la CNT en ese mecanismo de cohesión revolucionaria. Eso hizo crecer en influencia al anarcosindicalismo.

Este creciente poder sindical, obrero y anarquista, fue respondido por la patronal, que intentó frenar esa influencia por varias vías. La primera la no aplicación de las medidas conquistadas por la clase obrera. Y la segunda eliminando directamente a los dirigentes obreros. Al calor de grupos como el Ateneo Legitimista de Barcelona, el somatén, el impulso del Sindicato Libre, virulentamente antilibertario y rompehuelgas, respondió a la CNT con las armas en la mano. Una oleada de atentados contra dirigentes obreros acabó con la vida de muchos de ellos. Entre las víctimas estuvieron Evelio Boal, secretario general de la CNT, el republicano Francesc Layret, abogado de sindicalistas, o el mismo Salvador Seguí, acribillado a balazos en la calle de la Cadena de Barcelona en marzo de 1923 junto a su amigo y también sindicalista Francisco Comes "Perones". Junto al pistolerismo patronal se puso en marcha la llamada "ley de fugas" por la cual los presos cenetistas eran liberados por la noche y asesinados de camino a su casa, acusados de haberse escapado. El pistolerismo tuvo un apoyo tácito de gran parte de la patronal catalana, de gobernadores como Severiano Martínez Anido y de comisarios de policía como Miguel Arlegui.

Desde el mundo anarquista hubo una reacción contra el pistolerismo. Algunos militantes se separaron de la CNT y constituyeron grupos de acción que pretendían responder a la violencia patronal con sus mismas armas. Surgieron grupos de acción como Los Solidarios, compuesto por importantes anarquistas posteriores como Buenaventura Durruti, Francisco Ascaso, Rafael Torres Escartín o Juan García Oliver. Las actuaciones de estos grupos, mucho menos expeditiva que la de los patronos, se cobraron la vida de algunos gobernadores civiles como González Regueral, el cardenal Soldevila en Zaragoza o el propio presidente del gobierno Eduardo Dato en Madrid, asesinado en marzo de 1921 por los anarquistas Pedro Mateu, Luis Nicolau y Ramón Casanellas.

Una escalada de violencia desigual y que llevó a minar la influencia del anarcosindicalismo en el territorio, así como del movimiento obrero. La posibilidad de una revolución se alejaba y tomaba cuerpo un modelo autoritario dictatorial al estilo italiano o húngaro.

La oposición a la dictadura de Primo de Rivera. La fundación de la FAI. Pasarela hacia la República

El 13 de septiembre de 1923 el general Miguel Primo de Rivera promovía un pronunciamiento en Barcelona reclamando plenos poderes. En su manifiesto a la nación, justificaba el golpe de Estado aduciendo una crisis de los partidos dinásticos, un problema regional con Cataluña y un problema de orden público con el movimiento obrero. Alfonso XIII apoyó aquella iniciativa, liquidando la constitución de 1876.

Para Primo de Rivera, el anarquismo y el movimiento obrero era un problema a neutralizar y puso todo su empeño en ello. Aunque la CNT convocó una huelga general para intentar frenar el golpe, esta contó con el apoyo del minúsculo Partido Comunista, pero no así con el de la UGT y el PSOE. El golpe de Primo de Rivera mostró a las claras el desgaste que el movimiento obrero había tenido en los últimos momentos de la Restauración, así como su división. La oposición al golpe y al desarrollo de aquel movimiento autoritario partió, sobre todo, del entorno anarquista y del republicano, que se vieron abocados al exilio y la persecución.

Sin embargo, la persecución y proscripción de los organismos libertarios fue acometida de distinta forma según la zona. El objetivo de las autoridades militares era asfixiar a la CNT, obligándola a entregar de forma regular sus estadísticas de afiliados y cuentas. Cuestión que no todos los Sindicatos Únicos cumplían, por lo que muchos de ellos pasaron paulatinamente a la clandestinidad. Aun así, otros centros obreros, de estudios sociales o de prensa, se mantuvieron durante toda la dictadura con las políticas de censura y persecución. Ello provocó que en estos momentos se volviese a editar, por ejemplo, *La Revista Blanca* de la familia Montseny. Esta revista de carácter intelectual, tuvo una primera etapa entre 1898 y 1905 y una segunda entre 1924 y 1936. Junto a ella se desarrolló también la colección "La novela ideal" donde muchos anarquistas trasmitieron las ideas libertarias a partir de novelas de 32 páginas.

Lo mismo que la CNT fue la principal víctima del movimiento obrero de aquella dictadura, también fue el organismo que antes se enfrentó a la dictadura, haciendo responsable de la misma al Rey y promoviendo un movimiento que no solo liquidase el régimen militar sino también el monárquico. Al principio la CNT intentó aquella oposición en solitario o, como mucho, en unión a algunos movimientos conspirativos republicanos. Los sucesos de Vera de Bidasoa de 1924 fueron un ejemplo de ello. Aquel movimiento promovido por una parte del anarquismo desde el exilio y el interior, con no todos los apoyos de la CNT, fue un fracaso, que acabó con algunas sentencias de muerte.

A partir de ese momento, el anarquismo entendió que para vencer a la dictadura y la monarquía había que establecer una inteligencia y colaboración con otros grupos, sobre todo con los republicanos y el catalanismo. Para la CNT, la revolución que defendía no se podía realizar en un entorno dictatorial, y lo primero era recuperar un marco de libertades democráticas que permitiese la extensión y desarrollo de las ideas libertarias. Ese marco solo se podía conseguir con una República. Por ello, la CNT inició toda una tarea conspirativa contra la dictadura y la monarquía, que partía con la disponibilidad de la CNT para convocar movilizaciones que produjesen la caída del poder en España, se apoyase un gobierno provisional a cortes constituyentes y se conquistasen libertades públicas en el país. Por iniciativa de anarquistas como Mauro Bajatierra, Eusebio Carbó o Manuel Buenacasa se tomaron contactos con distintos republicanos y con militares. Así la CNT participó de todas las conspiraciones contra la dictadura en el tiempo que media entre 1923 y 1930.

Igualmente, en este momento, los anarquistas estructuraron una organización que coordinó los grupos anarquistas existentes en España, Portugal y el exilio. Aunque ya existía una Federación Nacional de Grupos Anarquistas y en el exilio una Federación de Grupos Anarquistas de Lengua Española, la celebración de diferentes congresos en Francia marcaban la necesidad de unificar y coordinar las actividades. Aunque la necesidad de un congreso constitutivo de tal federación se marcó en el congreso de Marsella de 1926, y estableciendo que fuese en Portugal, el golpe de Estado de Carmona en el país luso varió la situación. Esto llevó a que los diferentes grupos anarquistas se reuniese en Valencia y fundasen en julio de 1927 la Federación Anarquista Ibérica (FAI). Lejos de la idea común que se ha dado de la FAI como organización que mantenía un control ideológico sobre la CNT o como entidad vanguardista revolucionaria, la FAI se propuso desde su nacimiento la extensión de las ideas anarquistas a través de la coordinación de los diferentes grupos que la formaban. Basado en un concepto de afinidad ideológica, la FAI era la aspiración que el anarquismo organizado intentó desde el siglo XIX con la Alianza o con la OARE, y que en un contexto de dificultad como era la dictadura logró articularse. No todos los grupos anarquistas estuvieron dentro de la FAI, sino que algunos otros continuaron sus actividades fuera de la organización específica del anarquismo.

El intento de articular en España un modelo autoritario y totalitario al estilo de Europa se tornó en fracaso. La oposición a la dictadura cada vez era más fuerte y cohesionada, lo que hacía minar la viabilidad del mantenimiento del régimen. Además, con una cada vez idea más clara de oposición, y con los socialistas ya en el contexto contra la dictadura, la unión de fuerzas iba provocar la caída del régimen.

La crisis económica y política provocó la dimisión de Primo de Rivera en enero de 1930. Alfonso XIII intentó reconducir la situación dando el gobierno al general Dámaso Berenguer y recuperando algún marco legal de la Restauración. Pero la suerte estaba echada para la monarquía. En agosto de 1930 la oposición republicana, con el apoyo de los socialistas y el también tácito de los anarquistas, aprobaron en San Sebastián un pacto para proclamar la República en España. La estrategia de los republicanos era forzar el cambio de régimen a través de un movimiento con apoyo de los militares y del movimiento obrero. Pero las dos intentonas que se dieron en diciembre de 1930 se tornaron en fracaso. En Jaca, los militares Fermín Galán (que era simpatizante libertario) y García Hernández, fracasaron en su intentona republicana y fueron fusilados. Tres días después, la sublevación militar de Cuatro Vientos acabó de la misma forma, aunque sus líderes huyeron. En ambas intentonas el acuerdo era que al producirse el movimiento la CNT tenía que convocar una huelga general. En aquel diciembre estaba claro que la República debía esperar.

Sin embargo, la llegada de la República se produjo por un procedimiento quizá no pensado por aquellos republicanos y obreristas. El proceso electoral municipal convocado por Juan Bautista Aznar para el 12 de abril de 1931 vino acompañado de una victoria de las candidaturas republicano-socialistas en casi todas las capitales de provincia. Cuarenta y ocho horas después la República se había proclamado en España. Y la CNT y el anarquismo había sido sujeto protagonista.

El movimiento libertario durante la Segunda República española (1931-1936)

La proclamación de la Segunda República el 14 de abril de 1931 fue entendida por el movimiento libertario como un hecho revolucionario del que ellos mismos había sido partícipes. Su implicación en todas y cada una de las conspiraciones contra la dictadura y la monarquía entre 1923 y 1930 fueron determinantes para que cuando los españoles acudieran a las urnas de aquellas elecciones municipales optasen por tener una democracia parlamentaria sin monarquía. La CNT y la FAI habían sido claves en ese cambio y en el editorial que el periódico *Solidaridad Obrera* publicó el 15 de abril dejaba muy claras algunas cuestiones. La primera que el cambio había sido colectivo del pueblo español. La segunda que no eran entusiastas de una República burguesa pero que en ningún caso iban a permitir una nueva dictadura. Y, en tercer lugar, que dado su papel protagonista, la CNT iba a reclamar a la República la participación de los obreros y sus derechos, y que de no hacerlo la República tendría problemas.

Aquellas primeras semanas de la primavera republicana fueron de luna de miel entre el nuevo régimen y el movimiento, que en algunos lugares se estaba convirtiendo en hegemónico dentro del campo obrerista. Pocas semanas después de la proclamación de la República, la CNT celebró su tercer congreso nacional en el Teatro del Conservatorio de Madrid (hoy teatro María Guerrero). Allí se manifestaron varias cuestiones. La primera que el anarcosindicalismo se dotó de una plataforma reivindicativa laboral, que iba a ser hilo conductor de movilizaciones y peticiones a las nuevas autoridades gubernamentales. La segunda que dentro de la CNT se iba a manifestar, por una parte, una tendencia que reclamaba un tiempo estimable de implementación de las medidas reformistas de la República. Un tiempo que debería de ser aprovechado para la capacitación de la clase obrera en vistas a un futuro transformador. Por otra parte, había también algunos sectores que consideraban que había que aprovechar el momento revolucionario para dar pasos más decididos hacía una sociedad de carácter socialista y antiautoritaria. Aunque siempre se ha querido hacer ver que este sector estaba controlado por la FAI, en realidad la organización específica del anarquismo no tuvo ningún papel destacado en estos debates, que sobre todo enfrentó a posiciones estratégicas de los más sindicalistas y los más anarquistas. Pero lo más importante de aquel congreso no fue este debate, que a la larga sí tuvo un impacto.

En Madrid la CNT acordó la organización de las Federaciones Nacionales de Industria, como ejes organizativos sindicales de la lucha obrera, superando en muchos aspectos los sindicatos únicos de ramo y adaptando el anarcosindicalismo a la realidad económica española. Aunque hubo sectores de la CNT que criticaron esta opción, al considerar que se perdía la autonomía sindical, el acuerdo salió adelante con una aplastante mayoría de delegados. Igualmente, la CNT acordó la edición de otro periódico de tirada nacional y diaria, que aunque tardó tiempo en ponerse en marcha, sentó las bases de la creación en noviembre de 1932 de la cabecera CNT. Debates hubo también entre los sectores que pretendían influir en la Asamblea Constituyente de la República o lo que consideraba que la CNT tenía que seguir manteniendo un apoliticismo fuera del marco parlamentario. De aquel congreso salieron elegidos secretario general el histórico Ángel Pestaña y director de *Solidaridad Obrera* Juan Peiró, dos representantes de los sectores sindicalistas de la CNT.

En las mismas fechas en las que se celebró el congreso de la CNT, los grupos anarquistas de la FAI realizaron una conferencia en Madrid, donde dieron su total respaldo y apoyo a los acuerdos adoptados por la central anarcosindicalista.

Pero el paulatino divorcio del movimiento libertario respecto a la República no vino por exclusivos debates doctrinales y de estrategia sino por los hechos de las medidas implementadas por el gobierno. A ojos de los libertarios, las medidas adoptadas por el gobierno de la República eran insuficientes o en extremo lentas. Las consecuencias de la huelga de la Telefónica en Madrid, donde el modelo de acción directa de la CNT colisionó con el concertado de UGT y con el Ministerio del Trabajo de Largo Caballero, o la represión ejercida contra los anarquistas sevillanos tras el bombardeo de Casa Cornelio y la supuesta aplicación de la ley de fugas contra unos militantes de la CNT.

Esto hizo que las críticas del anarcosindicalismo fueran creciendo. A ello se unió que las políticas aplicadas por el Ministerio de Largo Caballero, como eran los Jurados Mixtos o la Ley de Términos Municipales, fueron duramente criticadas por la CNT. Además, los anarquistas acusaban a la República de actuar con más contundencia contra aquellos que habían posibilitado su proclamación, a través de leyes como la Ley de Defensa de la República, que contra aquellos que eran sus verdaderos enemigos.

A finales de 1931 e inicios de 1932 se produjeron los sucesos de Castilblanco y Arnedo, donde las fuerzas del orden público actuaron contra movilizaciones campesinas que pedían una aceleración de las reformas republicanas, sobre todo de la agraria. Aunque no fueron movimientos donde la CNT tuviera protagonismo, dado que eran zonas de tradición socialista y la UGT era el sindicato que las dinamizó, la CNT valoró la posibilidad de dar un paso cualitativo en sus críticas a la República y superar la fase burguesa. Convencidos los anarquistas de que era posible una transformación general aprovechando el tirón revolucionario de 1931, se lanzaron a una estrategia de enfrentamiento directo contra el capitalismo. En febrero de 1932, en las cuencas mineras de Cardoner y Alto Llobregat, la

CNT encabezó un movimiento que llegó a proclamar la Comuna de Figols bajo el concepto del comunismo libertario, finalidad del anarquismo. Aquel movimiento minero, que había empezado como una movilización obrera más, fue duramente reprimido por las autoridades de la República y acabó con la deportación de numerosos libertarios a las colonias africanas.

El siguiente momento en el que la CNT intentó dar un golpe de efecto, se produjo en enero de 1933, cuando había acordado y diseñado un movimiento insurreccional en toda España que iba a proclamar el comunismo libertario. El movimiento fue aplazado en el último momento, y las noticias del aplazamiento llegaron a todos los lugares menos a una pequeña aldea de Cádiz: Casas Viejas. Allí los libertarios gaditanos proclamaron el comunismo libertario, se lo notificaron al alcalde, se incautaron de la tienda del pueblo (previa entrega de un vale al dueño que se lo tendría que cobrar después a la colectividad) y tomaron el cuartel de la Guardia Civil. Allí, tras la refriega donde hubo algún muerto, se izó la bandera rojinegra. Sin embargo, aquella revolución solo había pasado en Casas Viejas. Cuando las noticias llegaron a las poblaciones de Jerez de la Frontera y de Medina Sidonia, se desplazaron hasta Casas Viejas contingentes de la Guardia de Asalto y de la Guardia Civil. Iniciaron una dura represión contra los campesinos, algunos de los cuales fueron ejecutados y asesinados de forma impune. La choza del supuesto líder de la revuelta, un septuagenario anarquista que apodaban Seisdedos, fue prendida fuego con sus habitantes dentro.

El escándalo de la virulencia de la represión salpicó al gobierno republicano-socialista, que quedó fuertemente erosionado tras los sucesos. Sin embargo, aquel procedimiento no iba a revestir en beneficio del anarcosindicalismo. La estrategia adoptada de enfrentamiento directo iba a provocar una colisión dentro de la CNT que llevó a una ruptura de la central sindical. Desde 1931, un sector denominado "treintista" (al haber firmado un manifiesto con treinta firmas de importantes militantes de la CNT) reclamaba una adecuación de las estructuras sindicales al marco del momento y una capacitación a largo plazo para la revolución. Este sector colisionó con los sectores anarquistas o más inmediatista, que provocó finalmente la ruptura de la CNT y la fundación de los llamados sindicatos de oposición en la Federación Sindicalista Libertaria. En realidad, ambos grupos compartían análisis y diagnóstico, pero sus tiempos políticos eran distintos.

Cuando se produjo la victoria electoral de la derecha en noviembre de 1933, el movimiento libertario estaba dividido y débil. A pesar de ello, tanto la CNT como la FAI intentaron otro movimiento insurreccional en diciembre de 1933, para oponerse a la victoria electoral de la derecha, que fue otro fracaso. Lo que sí se produjo en ese momento, fue una trabazón colaborativa entre las dos entidades más importantes del anarquismo, la CNT y la FAI. Cada una independiente, pero colaboradoras entre sí a través de tres estructuras: los Comités Pro-Presos, los Comités de Defensa Confederal (creados por la CNT donde en algunos casos se invitó a la FAI) y los Comités Revolucionarios.

El segundo bienio republicano fue el de cambio de estrategia de los anarquistas. Estos se habían dado cuenta que una lucha frontal contra las instituciones capitalistas solo impulsada por los anarquistas era inviable, por lo que había que reconducir la situación. En primer lugar, volver a poner a la CNT como la central sindical de referencia, recuperando sus posiciones reivindicativas. Y por otra intentado convencer a la otra central sindical, la UGT, de la necesidad de una alianza revolucionaria.

En medio de esas cuestiones, se produjo el movimiento huelguístico de octubre de 1934, donde el anarquismo tuvo un papel protagonista. Considerando que el avance de la derecha en España estaba en consonancia con el avance del fascismo en Europa, el movimiento obrero español convocó una huelga general en octubre al calor y pretexto de la designación de tres ministros de la CEDA en el gobierno de Lerroux. La huelga, que fue un auténtico fracaso en toda España, adquirió categoría de insurrección obrera en Asturias. Allí, socialistas, comunistas y anarquistas se unieron bajo el lema de "¡Uníos, Hermanos Proletarios!"(UHP). Si en Oviedo se proclamó la República socialista, en Gijón se llegó a proclamar el comunismo libertario.

Aquel movimiento revolucionario, el único que se dio en Europa en los años treinta, estaba condenado al fracaso. La represión ejercida contra los revolucionarios por el gobierno alcanzó cifras muy altas, llegando a llenar las cárceles hasta 30 000 presos de aquellas jornadas. Por su parte, el movimiento iniciado en Cataluña por la Generalitat que proclamó la República catalana dentro de la República federal española, no contó con el apoyo de la CNT ni de la FAI, al considerar los anarquistas que aquello era un movimiento político-gubernamental y no obrero. Comenzaba un momento de reflujo para el movimiento anarquista, que a lo largo de 1935 sí que recapacitó su posición. Personajes como Valeriano Orobón Fernández, los hermanos González Inestal, Mauro Bajatierra o Juan Peiró, buscaron junto a todo el movimiento una salida de unidad. También en aquellos años republicanos habían nacido dos nuevas organizaciones para el anarquismo. En 1932 se fundó la Federación Ibérica de Juventudes Libertarias (FIJL) y en 1936, con motivo de los contactos entre el Grupo Cultural Femenino de la CNT de Barcelona y Mujeres Libres en Madrid, nació la Agrupación Mujeres Libres, que editó un periódico longevo durante la guerra con el mismo nombre: *Mujeres Libres*.

Cuando se convocaron elecciones generales para febrero de 1936, los anarquistas tenían claro, a nivel individual, que la libertad de los presos políticos prometida por el Frente Popular era fundamental que se llevase a efecto. En aquel proceso electoral los anarquistas no hicieron su tradicional boicot al voto y dejaron libertad a sus afiliados para optar por la candidatura de izquierdas. La victoria de la izquierda vino acompañada de muchas cuestiones para los anarquistas. La primera de ella la libertad de cientos de miles de presos libertarios que llenaban las cárceles españolas. La segunda, la reapertura de sus locales sindicales y de sus órganos de prensa. La tercera la reactivación de sus tareas sindicales y sociales.

La FAI, que había quedado erosionada y dividida tras 1934, volvió a reunificar sus fuerzas, entre los llamados sectores antialiacistas y aliancistas, que se diferenciaban sobre si llegar a acuerdos o no con otros grupos políticos, sobre todo con los socialistas. El siguiente paso lo iba a dar la CNT en su congreso de Zaragoza de 1936. En aquel congreso se extrajeron tres acuerdos básicos:

1. La reunificación de la CNT. Los sindicatos de oposición de la FSL volvieron a integrarse en la CNT, con lo que la fuerza del anarcosindicalismo fue mayor. Solo el Partido Sindicalista de Pestaña, al haber dado un salto cualitativo a la política parlamentaria, se quedó fuera de esa unificación.

2. Llamamiento a la UGT a una alianza revolucionaria. Los cenetistas hicieron un repaso de sus actividades durante el primer bienio, llegando a la conclusión de que la estrategia adoptada fue un error. Por ello, cualquier estrategia revolucionaria tenía que reconducirse y vincularse a un pacto revolucionario con la central sindical de los socialistas.

3. La aprobación del concepto confederal del comunismo libertario. Se aprobó como una guía o ejemplo de futuro, pero no como un programa revolucionario.

Aquel congreso también aprobó una importante plataforma reivindicativa, entre las que se reclamaba el control directo de la tierra por parte de los sindicatos obreros, en esa idea de reforma agraria que tenía los anarquistas.

Aquella plataforma fue puesta en práctica desde muy pronto. Reivindicaciones básicas como las subidas salariales o la reducción de la jornada laboral, se comenzaron a vislumbrar en las movilizaciones obreras dinamizadas por la CNT. Por ejemplo, la central anarcosindicalista consiguió el laudo de las seis horas de trabajo en el sector de la construcción en Sevilla en junio de 1936. Misma reivindicación que planteaba en la huelga general de la construcción de Madrid que estaba en marcha cuando se produjo el golpe de Estado contra la República.

Y es que, si hubo algún movimiento que desde tiempo muy temprano advirtió de la posibilidad de un golpe de Estado, ese fue el anarquista. La prensa libertaria denunciaba desde 1933 la conspiración militar y en las semanas previas al golpe de Estado llamaban a estar preparados ante cualquier eventualidad que se produjese. Denunciaba, que mientras el gobierno desoía estas advertencias, reprimía al movimiento obrero.

Cuando entre el 17 y 18 de julio de 1936 se produjo el golpe de Estado contra la República, la CNT era una organización unificada y con las ideas claras. Sin embargo, las consecuencias de aquel golpe harían cambiar el rol de la central sindical y del anarquismo en España.

El anarquismo en la Guerra Civil. La Revolución y el pragmatismo (1936-1939)

El proceso que se abrió en España en julio de 1936 iba a cambiar la fisionomía del país y también de las organizaciones que estaban en él. Si la CNT había sido hasta ese momento una organización de resistencia al capital, a partir de ese momento pasó a ser un organismo de gestión en todos los niveles de la administración española. La FAI, que había sido una organización de grupos anarquistas, pasó a ser, con el paso de los meses, casi un partido político integrado en muchos aspectos del Estado republicano.

Sin embargo, fueron en aquellos momentos cuando se comprobó la capacidad revolucionaria del pueblo español, sus capacitaciones sociales y económicas que, canalizadas en parte por el movimiento anarquista, dio como fruto los resultados constructivos de todo un proceso revolucionario.

La Guerra de España se produjo como consecuencia de un golpe de Estado perpetrado por parte del ejército, en conexión con elementos civiles monárquicos y falangistas, contra la Segunda República y todo lo que ella representaba. La justificación del golpe por parte de sus responsables, aludiendo que había una revolución comunista en marcha, no solo era una impostura, sino que mostraba a las claras el odio acérrimo que algunas capas de la sociedad española tenían contra el pujante movimiento obrero.

La CNT y la FAI respondieron al golpe de Estado con una resistencia al mismo. En aquellos lugares donde los anarquistas eran mayoritarios, el peso del fracaso del golpe se debió en muchos casos a esas masas de libertarios que se lanzaron a aplastar la sublevación militar. Aquel objetivo de no consentir una nueva dictadura que se marcó la CNT en abril de 1931 se estaba llevando a la práctica.

El golpe de Estado fracasó, pero el país quedó dividido en dos zonas de influencia. Una con lealtad a la República y otra controlada por los sublevados. Desde muy pronto la República se encontró sola frente a un enemigo que estaba apoyado por potencias como la Italia fascista (que venía prestando apoyo a los golpistas desde antes de julio de 1936) o la Alemania nazi.

Esa situación excepcional hizo cambiar de estrategia a los anarquistas. A pesar de ser hegemónicos en algunas zonas como Cataluña, Aragón, parte de Levante o zonas de Andalucía, en otras su influencia se la repartía con los socialistas y los incipientes comunistas. A pesar de voces de establecer una sociedad anarquista allí donde los libertarios eran mayoritarios, los anarquistas optaron de forma pragmática y coherente por una unión de fuerzas para derrotar al fascismo.

Se abría el periodo de colaboración de la CNT y la FAI con las instituciones republicanas. Primero a partir de los organismos surgidos al calor del fracaso del golpe de Estado. El Comité de Milicias Antifascistas de Cataluña, dinamizado por la CNT y la FAI, iba a tener representación de otros organismos antifascistas como la Esquerra Republicana de Cataluña (ERC), el Partido Obrero de Unificación Marxista (POUM) y el Partido Socialista Unificado de Cataluña (PSUC). Un tipo de comités de coordinación que se extendieron por toda la retaguardia republicana.

Aquellos organismos fueron paulatinamente neutralizados y vaciados de contenido, lo que hizo que la CNT fuera adhiriéndose a los distintos gobiernos. Primero fue en la recomposición de la Generalitat de Cataluña, cuando la CNT entró a formar parte de la misma con tres consejeros. Posteriormente, también lo iba a hacer en la Junta Delegada de la Defensa Madrid, con dos consejeros. El 4 de noviembre de 1936 se produjo la entrada de cuatro ministros de la CNT en el gobierno de la República encabezado por el presidente Francisco Largo Caballero: Juan García Oliver como Ministro de Justicia, Federica Montseny como Ministra de Sanidad y Asistencia Social, Juan Peiró como ministro de Industria y Juan López como ministro de Comercio. Aquella colaboración ministerial no solo se ciñó al ejecutivo de Largo Caballero. Durante el gobierno de Juan Negrín, en el año 1938, se nombró como ministro de Instrucción Pública al cenetista Segundo Blanco. No fueron pocas las iniciativas impulsadas por aquellos ministros anarquistas, que lograron aprobar o poner en el debate cuestiones básicas como la reestructuración de la justicia republicana, la mayoría de edad en los 18 años o una ley del aborto que solo tuvo aplicación en Cataluña.

Esta colaboración gubernamental no solo quedó restringida al ámbito del gobierno estatal. Cuando en 1937 se reestructuraron los ayuntamientos en Consejos Municipales, la CNT y también la FAI se hicieron con varias actas municipales en todo el territorio leal. Siendo como eran organismos numerosos, su presencia en el Frente Popular les confería un alto nivel de participación y representación en aquellos organismos. Hay que decir en este punto, que la FAI en 1937 pasó de ser una organización de grupos anarquistas a un organismo territorializado en agrupaciones, donde era la ideología y no la afinidad lo que marcaba la pertenencia a la misma. La FAI no recuperó su estructura de federación de grupos hasta el exilio.

También impulsados por los anarquistas se constituyó el Consejo de Aragón, a estilo de gobierno autonómico, con sede en la ciudad de Caspe y donde los anarquistas tenían una amplia mayoría. Fue el organismo que defendió con mayor vehemencia el proceso colectivizador que se dio en campo aragonés en aquellos años.

Lejos de la imagen histórica legada, los anarquistas también fueron firmes partidarios de una unidad de mando en la lucha militar contra los sublevados. Si bien en los primeros momentos de la guerra los anarquistas estructuraron milicias armadas que se desplazaron a las zonas de conflicto y mantuvieron una posición de fuerza y resistencia contra los sublevados, con el paso de los meses la idea de la creación de un ejército regular tomó fuerza incluso en un sector tan antimilitarista como el anarquismo.

La idea de la CNT y de la FAI era la creación y desarrollo de una estructura militar, lo más democrática posible, que obedeciese a la dirección de la República y no a ninguna organización política en concreto, sobre todo en referencia a su rivalidad con el Partido Comunista y a la creación por parte de este del Quinto Regimiento. Aquí hay que destacar la figura de Cipriano Mera, militante de la CNT y la FAI, albañil de profesión, que llegó a dirigir con solvencia la 14 División del Ejército y, posteriormente, el IV Cuerpo de la Ejército de la República. Anarquistas y comunistas rivalizaron a lo largo de 1937 y 1938 por el mayor control del comisariado de guerra dentro del Ejército Popular de la República.

Sin embargo, esa política colaboracionista supeditada a la victoria antifascista, no fue impedimento para que en la retaguardia republicana se produjese todo un proceso revolucionario donde fue la clase obrera directamente quien tomó el destino de su vida. Y fueron los anarquistas uno de los principales agentes protagonistas de aquel proceso.

Desde los primeros momentos del conflicto, los sindicatos obreros vieron como la producción había quedado suspendida, por la huida o muerte de muchos empresarios en la zona republicana. Eso motivó que fueran los sindicatos los que directamente se hicieran con el control de la producción, surgiendo organismos como los Comités de Control Obrero donde la CNT y la UGT tuvieron el papel protagonista. Se dio carta de naturaleza a aquel proceso, apoyado también por los consejeros y ministros anarquistas. La industria se reconvirtió bajo el control obrero y la producción siguió adelante. Lo mismo pasó con los transportes, que también estuvo bajo la supervisión de los sindicatos.

Desde muy temprano, los jornaleros ocuparon la tierra y comenzaron experiencias comunistas libertarias en el campo aragonés, catalán, valenciano, andaluz y castellano. Numerosas colectividades, bien impulsados por la CNT, bien por la UGT o en conexión entre ambas, pero protagonizada por los mismos campesinos, llevó a un control de directo de la tierra. El lema "la tierra para quien la trabaja" se puso en prácticas y proyectos como el comunismo libertario o modelos mutualistas y colectivistas se dieron en toda la retaguardia republicana. Ello llevó incluso, en algunos casos, a la creación de organismos como el CLUEA (Consejo Levantino Unificado de la Exportación Agrícola) que ponía en conexión el proceso colectivizador con el mercado nacional e internacional.

También la educación fue motivo de aplicación de las ideas libertarias. Las experiencias que el anarquismo siempre había defendido se vieron incrementadas en este momento, al calor de la creación de numerosas escuelas bajo los criterios pedagógicos de Ferrer Guardia. Esto también conllevó la creación de organismos que como el CENU (Consejo de la Escuela Nueva Unificada) liderado por Juan Puig Elías, realizó una actividad pedagógica de enorme importancia en aquellos momentos.

Sin embargo, durante el conflicto bélico también comenzó a aflorar y desarrollarse una rivalidad dentro del campo republicano. Al estallar la Guerra de España dos organizaciones se habían presentado ante la misma unidas y con las ideas claras. Las dos antifascistas pero con criterios y estrategias divergentes: el Partido Comunista de España y la Confederación Nacional del Trabajo. Aunque ambas entidades colaboraron en diversos organismos, lo cierto fue que la rivalidad alcanzó cotas de enfrentamiento, siendo sangrientos en alguna ocasión. El PCE, que había sabido aunar en su estructura la división del campo republicano y socialista, iba a rivalizar con la CNT en el control del movimiento obrero.

Entre momentos de flujo y reflujo, los enfrentamientos entre comunistas y anarquistas tuvieron tres puntos álgidos. El primero en Mayo de 1937, donde los enfrentamientos en Barcelona entre el PSUC, la CNT y el POUM marcaron la crisis final del gobierno de Largo Caballero y el fin de la presencia anarquista en aquel gobierno. Aunque los ministros anarquistas llamaron a la calma, los enfrentamientos acabaron con la pérdida real de poder de la CNT, la ilegalización del POUM y la recuperación del control Cataluña por parte de la Generalitat con el apoyo del PSUC. El papel protagonista del sindicalismo pasó a los partidos obreros por primera vez en la historia del movimiento obrero. Aunque el conflicto que los comunistas mantenían con la CNT era de naturaleza distinta al que tenía con el POUM, lo cierto que es que aquella circunstancia selló el final de muchas cosas. Numerosos militantes del PSUC y anarquistas fueron asesinados en aquellas jornadas, entre ellos los anarquistas italianos Camilo Berneri y Francesco Barbieri. La CNT, fuera del gobierno, buscó con más fuerza otros espacios de poder, constituyendo los Comités de Enlace con la UGT caballerista, que era el otro gran derrotado de aquellas jornadas. Sin embargo, la peor parte se la llevó el POUM, pues no solo fue ilegalizado y sus militantes juzgados, sino que su líder Andreu Nin fue asesinado por agentes estalinistas.

El segundo escenario de conflicto fue Aragón. Aprovechando la circunstancia suscitada tras los Hechos de Mayo de 1937, el nuevo gobierno de Juan Negrín suspendió las actividades del Consejo de Aragón, órgano de mayoría anarquista. La resistencia de los anarquistas en la zona a dejar de lado el proceso colectivizador llevó a la intervención directa de la II División de Enrique Lister, que acabó con numerosos anarquistas presos, situación en la que estaban cuando las tropas franquistas tomaron Aragón.

El último episodio de enfrentamientos se dio en el contexto dramático del final de la guerra en Madrid. El 5 de marzo de 1939, el coronel Segismundo Casado dio un golpe contra el gobierno de Juan Negrín y apoyado por socialistas caballeristas y besteiristas y por anarcosindicalistas madrileños, constituyeron el Consejo Nacional de Defensa presidido por José Miaja. La resistencia que ante dicho golpe sostuvieron unidades militares dirigidas por comunistas, llevó a un enfrentamiento en las calles de Madrid y otras zonas de la provincia a comunistas y anarquistas. En aquella ocasión el resultado fue el inverso. Los comunistas perdieron el control de la situación, Negrín partió al exilio y el CND, compuesto por representantes de todos los partidos del Frente Popular menos el PCE, intentó unas imposibles negociaciones con Franco de una "paz honrosa". Los sublevados no tenían la más mínima intención de negociar nada con Casado, lo que hizo reaccionar a las unidades militares socialistas y anarquistas. Pero ya era demasiado tarde, pues los frentes se hundieron en pocos días y los sublevados alcanzaban el objetivo de tomar Madrid el 28 de marzo de 1939.

La Guerra de España, donde todo el mundo tenía sus ojos, fue el canto del cisne del anarquismo en España. Aquel golpe de Estado de 1936 hizo cambiar la fisionomía de todo un movimiento, puso en práctica sus ideas, pero significó la desaparición física de toda una generación de militantes anarquistas. Muchos de ellos fueron asesinados por los sublevados en aquellas zonas que iban a cayendo bajo el control de Franco.

Cuando la Guerra acabó, el destino de los anarquistas españoles era muy reducido: el paredón de fusilamiento, la cárcel y el exilio. Pero también la resistencia.

De la larga noche de la dictadura a la Transición democrática

El anarquismo español, que había sido un movimiento de derrotas y de victorias, sufrió la gran derrota con el final de la guerra. La victoria de Franco no solo fue la aniquilación de la democracia republicana, sino de todos los proyectos sociales alternativos que se habían fraguado en el país desde el siglo XIX.

El movimiento libertario se enfrentó a una dura represión, que acabó con muchos de sus militantes asesinados, encarcelados en prisiones y campos de concentración y en el exilio. La Ley de Responsabilidades Políticas de 1939, la Ley para la Represión de la Masonería y el Comunismo de 1940 o la Ley de Bandidaje y Terrorismo de 1947 fueron los pilares de la una represión que proscribió a todo el antifascismo. Aun así, el movimiento libertario no dio por perdida la batalla, y desde el primer momento se reorganizó en la clandestinidad, participó en las guerrillas urbanas y del maquis, mantuvo una actividad sindical clandestina y se vinculó a la resistencia antifascista en todos los puntos de Europa durante la Segunda Guerra Mundial. La División Leclerc del Ejército francés tenía una unidad solo compuesta por españoles, la Nueve, que mayoritariamente eran militantes de la CNT y de la FAI.

Pero todos los intentos fueron fracasando y lo que se consolidó fue una cada vez más débil resistencia interior y un exilio consolidado. Los anarquistas tuvieron sus estructuras en el exilio en Francia, Argelia, Marruecos, Inglaterra,

México y diversos puntos de América del Sur. Toulouse fue el centro neurálgico de aquel movimiento libertario exiliado. Pero el exilio, lejos de limar asperezas provocó mayores enfrentamientos, y las querellas interiores que habían quedado postergadas con la Guerra Civil volvieron a florecer en un entorno hostil. El movimiento libertario se dividió a pesar de intentos permanentes de unificación.

Los ecos de mayo del 68 llegaron a España y fueron uno de los elementos básicos para una reorganización que fue efectiva tras la muerte del dictador el 20 de noviembre de 1975.

En los años de la Transición democrática, la CNT se reorganizó, pero no volvió a tener la influencia que había tenido en el pasado. El choque generacional, el cambio de la sociedad española, los problemas internos y un nuevo modelo de relaciones sindicales impidieron que el anarcosindicalismo volviese a ser la referencia que había sido en el pasado. A pesar de una presencia sindical importante en algunos sitios, dos escisiones en 1979 y 1983 acabaron por partir la CNT. La FAI también se reorganizó en aquellos como estructura de grupos anarquistas, pero tampoco logró ser el organismo que había dinamizado el anarquismo español en la década de 1930.

La década de 1980 fue una travesía en el desierto, hasta recomponer estructurar en la década de 1990. Al calor de los movimientos sociales, el anarquismo ha seguido teniendo eco e influencia. El caso del 15M fue un ejemplo palpable de ello.

En la actualidad hasta tres organismos se llaman CNT. Junto a ellas sigue existiendo la FAI, como pequeña organización de grupos anarquistas que edita el periódico *Tierra y Libertad.* Y producto de la escisión de la CNT entre 1979 y 1983 nacieron otras organizaciones que también se reclaman anarcosindicalistas: la CGT y Solidaridad Obrera.

Bibliografía

Para una mejor comprensión de la historia del anarquismo, establecemos aquí algunas obras básicas de su historia tanto internacional como española.

CALERO DELSO, J.P., *El gobierno de la anarquía,* Síntesis, Madrid, 2011.

CASANOVA, J., *De la calle al frente. El anarcosindicalismo en España (1931-1939),* Crítica, Barcelona, 1997.

EALHAM, C., *La lucha por Barcelona. Clase, cultura y conflicto. 1898-1939,* Alianza, Madrid, 2005.

GÓMEZ CASAS, J., *Historia del anarcosindicalismo español,* ZYX, Madrid, 1973.

GÓMEZ CASAS, J., *Historia de la FAI,* Fundación Anselmo Lorenzo y otros, Madrid, 2002.

HOROWITZ, I., *Los anarquistas. La teoría. La práctica,* Alianza, Madrid, 1977.

JOLL, J., *Los anarquistas,* Grijalbo, Barcelona, 1976.

MARÍN SILVESTRE, D., *Anarquistas. Un siglo de movimiento libertario en España,* Ariel, Barcelona, 2010.

NETTLAU, M., *La anarquía a través de los tiempos*, Júcar, Madrid, 1978.

PANIAGUA, J., *Libertarios y sindicalistas*, Anaya, Madrid, 1992.

PRÉPOSIET, J., *Histoire de l'anarchisme*, Fayard/Pluriel, París, 2012.

VADILLO MUÑOZ, J., *Socialismo en el siglo XIX. Del pensamiento a la organización. Raíces, origen y desarrollo del laboratorio socialista antiestatal en el siglo XIX*, Queimada ediciones, Madrid, 2017.

VADILLO MUÑOZ, J., *Historia de la CNT. Utopía, pragmatismo y revolución*, Los libros de La Catarata, Madrid, 2019.

VADILLO MUÑOZ, J., *Historia de la FAI. El anarquismo organizado*, Los libros de La Catarata, Madrid, 2021.

Nuestras colecciones

Guías para todos aquellos que deseen ampliar sus conocimientos sobre asuntos específicos, grandes personajes, épocas, culturas, religiones, etc., ofreciendo al lector una amplia y rica visión de cada una de las temáticas, accesibles a todos los lectores.

Guías para gestionar con éxito un negocio, vender un producto, servicio o causa o emprender. Pautas para dirigir un equipo de trabajo, crear una campaña de *marketing* o ejercer un estilo adecuado de liderazgo, etc.

Guías para optimizar la tecnología, aprender a escribir un blog de calidad, sacarle el máximo partido a tu móvil. Orientaciones para un buen posicionamiento SEO, para cautivar desde Facebook, Twitter, Instagram, etc.

Guías para crecer. Cómo crear un blog de calidad, conseguir un ascenso o desarrollar tus habilidades de comunicación. Herramientas para mantenerte motivado, enseñarte a decir NO o descubrirte las claves del éxito, etc.

Guías prácticas dirigidas a la salud y el bienestar. Cómo gestionar mejor tu tiempo, aprenderás a desconectar o adelgazar comiendo en la oficina. Estrategias para mantenerte joven, ofrecer tu mejor imagen y preservar tu salud física y mental, etc.

Guías prácticas para la vida doméstica. Consejos para evitar el *cyberbulling,* crear un huerto urbano o gestionar tus emociones. Orientaciones para decorar reciclando, cocinar para eventos o mantener entretenido a tu hijo, etc.

Guías prácticas dirigidas a todas aquellas actividades que no son trabajo ni tareas domésticas esenciales. Juegos, viajes, en definitiva, hobbies que nos hacen disfrutar de nuestro tiempo libre.

Guías para aprender o perfeccionar nuestra técnica en deportes o actividades físicas escritas por los mejores profesionales de la forma más instructiva y sencilla posible,

Participa en el **Club GuíaBurros** para estar informado de las últimas novedades editoriales y disfrutar de las ventajas, promociones y condiciones especiales de los socios de nuestro club.

Puedes encontrar toda la información en:

www.guiaburros.es
www.editatum.com

Puedes seguirnos también en Youtube y en nuestras redes sociales:

facebook.com/guiaburros

www.youtube.com/c/GuíaBurros

@ guia_burros

@guiaburros

Autores para la formación

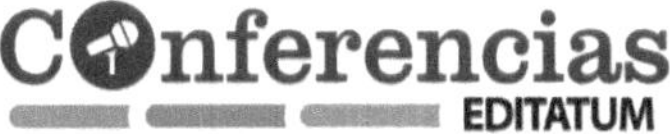

Editatum y GuíaBurros te acercan a tus autores favoritos para ofrecerte el servicio de formación GuíaBurros.

Charlas, conferencias y cursos muy prácticos para eventos y formaciones de tu organización.

Autores de referencia, con buena capacidad de comunicación, sentido del humor y destreza para sorprender al auditorio con prácticos análisis, consejos y enfoques que saben imprimir en cada una de sus ponencias.

Conferencias, charlas y cursos que representan un entretenido proceso de aprendizaje vinculado a las más variadas temáticas y disciplinas, destinadas a satisfacer cualquier inquietud por aprender.

Consulta nuestra amplia propuesta en: **www.editatumconferencias.com** y organiza eventos de interés para tus asistentes con los mejores profesionales de cada materia.

EDITATUM

Libros para crecer

www.editatum.com